# SOUVENIRS

## DE

# SAINT-CYR

### ET DE

## L'ÉCOLE D'ÉTAT-MAJOR

St Cyr 1833

OFFICIER GALETTE

Courage ! noble Galette,
Et vois poindre à l'aurore
Ta brillante épaulette,
Ton épaulette d'or.

BARON DU CASSE

# SOUVENIRS

DE

# SAINT-CYR

ET DE

## L'ÉCOLE D'ÉTAT-MAJOR

Si dans ces murs fameux mainte belle est éclose,
L'on y forme aujourd'hui l'élite des guerriers;
Et l'on voit croître les lauriers
Où jadis fleurissait la rose.

E. D.

## PARIS

E. DENTU, ÉDITEUR

LIBRAIRE DE LA SOCIÉTÉ DES GENS DE LETTRES

PALAIS-ROYAL, 15-17-19, GALERIE D'ORLÉANS

—

1886

# I

Au commencement de l'année 1685, il y a deux siècles, M<sup>me</sup> de Maintenon obtint du Grand Roi Louis XIV l'autorisation de fonder une maison d'éducation pour les filles nobles privées de fortune; Mansard fut choisi pour en être l'architecte, et fit commencer les travaux le 1<sup>er</sup> mai.

L'emplacement adopté fut celui occupé par le château du seigneur de Saint-Cyr, dans le village de ce nom près Versailles. Ce seigneur était alors le marquis de Brinon-Ségnier, auquel le roi fit compter, pour ledit château et sa terre, la somme de quatre-vingt-onze mille livres.

Une année plus tard, la maison d'éducation, à

1

laquelle trois mille ouvriers avaient travaillé douze mois sans relâche, était construite, et, sous l'invocation de saint Louis, Saint-Cyr ouvrait ses portes à deux cent cinquante jeunes filles nobles. Quatorze cent mille francs y avaient été dépensés.

A la mort de Louis le Grand, M^me de Maintenon s'y retira, y reçut la visite de la mère du régent et celle du csar Pierre le Grand, lors de son voyage en France. A sa mort, arrivée le 15 avril 1719, elle fut embaumée et inhumée dans le chœur de l'église.

En 1793, à la Révolution, la maison de Saint-Cyr fut supprimée, le corps de la fondatrice fut retiré du cercueil, profané, traîné dans le village, sauvé miraculeusement, puis placé dans une allée du jardin. Recueillie plus tard par le général Bellavène, gouverneur de l'établissement devenu une école militaire, la dépouille mortelle de M^me de Maintenon, en 1836 (le 1^er décembre), fut mise, par ordre du colonel Baraguey d'Hilliers (1), dans

_____

(1) Commandant alors l'École militaire.

un petit monument en marbre noir fort modeste placé dans le chœur de l'église.

En 1793, Saint-Cyr devint un hôpital militaire, succursale des Invalides ; sous le Consulat, un prytanée militaire. En 1808, sous le premier Empire, l'École spéciale militaire de Fontainebleau y fut transférée, et l'École préparatoire envoyée à la Flèche. Supprimée en 1814, rétablie en 1817, par ordonnance royale du 31 décembre, cette école subsista jusqu'à nos jours sous son nom d'École spéciale. Elle reçut, de 1808 à 1814, de nombreuses visites de Napoléon I$^{er}$, qui l'appelait sa poule aux œufs d'or. De 1814 à 1830, le roi et les princes de la branche aînée des Bourbons y vinrent à plusieurs reprises. En 1834, le duc d'Orléans y passa une matinée. En 1836, Louis-Philippe donna un drapeau au bataillon de Saint-Cyr dans une revue à Versailles, et fit en personne, le soir, les honneurs de l'ouverture de son musée aux élèves.

École *nationale* militaire après février 1848, mais sans changer de destination ; école *impériale* à l'avènement de Napoléon III au trône, elle est redevenue, depuis le 4 septembre 1870, l'École spéciale militaire, conservant son organisation du 30 septembre 1853.

Au nombre des élèves jeunes filles de l'école de Saint-Cyr, n'oublions pas de citer l'aînée des sœurs de Napoléon, Élisa, plus tard grande-duchesse de Toscane, reçue en 1784, et au sujet de laquelle on trouve dans les archives l'acte suivant, curieux document historique :

« Aujourd'hui, 24 novembre 1782, le roi étant à Versailles, bien informé que la demoiselle Marie-Anne de Buonaparte a la naissance, l'âge et les qualités requises pour être admise au nombre des demoiselles qui doivent être reçues dans la Maison royale de Saint-Louis, établie à Saint-Cyr, ainsi qu'il est apparu par titres en les certificats et autres preuves, conformément aux lettres patentes du mois de juin 1686 et mars 1694. Sa Majesté lui a accordé une des deux cent cinquante places de ladite maison, enjoignant à la supérieure de la recevoir sans délai, de lui faire donner les instructions convenables et de la faire jouir des

mêmes avantages dont jouissent les autres demoiselles, en vertu du présent brevet que Sa Majesté
a, pour assurance de sa volonté, signé de sa
main, etc., etc.

« *Signé :* LOUIS. »

Élisa Bonaparte se trouvait donc à Saint-Cyr
pendant que son frère était élève du roi à l'École
militaire de Paris (1784-1785). C'est pendant cet
intervalle que la maison, fondée par M^me de Maintenon reçut les premières visites du jeune Bonaparte, qui, deux fois par mois, venait voir sa sœur.
Il était presque toujours accompagné par les dames
de Permon, amies de sa famille.

Ces petits voyages durent cesser à la fin d'octobre 1785, par suite du départ de Napoléon, qui
venait d'être nommé lieutenant en second au régiment d'artillerie de la Fère. Napoléon ne revint à
Saint-Cyr que deux ou trois fois dans l'espace de
sept années.

En 1792, il se trouvait à Paris lorsque fut décrétée la suppression des établissements de l'ancienne monarchie. Il s'occupa aussitôt des moyens de ramener dans sa famille sa sœur Élisa. En conséquence, il écrivit aux administrateurs du district de Versailles pour leur demander l'autorisation de faire sortir de Saint-Cyr sa sœur avant le 1er octobre, jour fixé pour l'évacuation, et, comme il n'était pas très riche en ce moment, il sollicita une indemnité de route de vingt sols par lieue en faveur de la jeune pensionnaire.

Il obtint, en effet, la sortie immédiate et un mandat de trois cent cinquante-deux francs pour le voyage.

Mais devenu, en 1800, le chef du gouvernement, l'ancien élève de l'École militaire de Paris songea à perfectionner les vues de la Convention sur les établissements d'éducation, et d'après un rapport de Lucien Bonaparte, alors ministre de l'intérieur, il fut décidé qu'un prytanée français serait créé dans les anciens bâtiments de Saint-Cyr. Cet établissement fut inauguré le 21 septembre 1800, avec une grande solennité et en présence de

Lucien, à qui les élèves remirent une médaille commémorative (1).

On sait combien les établissements utiles étaient l'objet des soins et de la sollicitude de Napoléon. Il voulait les voir tous par lui-même, et parmi ceux qu'il protégeait d'une manière toute spéciale, il en était un surtout qu'il affectionnait de préférence aux autres : c'était celui de Saint-Cyr, dont le souvenir lui rappelait ses petits voyages de 1785. Aussi, dès le début de sa création, cet établissement fut souvent l'objet de ses visites. Toujours il arrivait à Saint-Cyr sans avoir prévenu ; c'était du reste le moyen qu'il employait lorsqu'il voulait se rendre compte plus sûrement. Il interrogeait les élèves, grondait ceux

---

(1) Cette médaille, que nous avons vue entre les mains d'un officier du premier Empire, portait d'un côté : A Lucien Bonaparte, la jeunesse reconnaissante ; et de l'autre le génie de l'instruction conduisant un jeune enfant vers un autel sur lequel des couronnes étaient déposées. Autour on lisait : Inauguration du Prytanée de Saint-Cyr, an VIII.

sur lesquels on lui donnait de mauvaises notes, ce qui était très rare.

Pendant la guerre de 1870-1871, l'École spéciale militaire de Saint-Cyr fut occupée par les troupes allemandes, et cessa naturellement de fonctionner.

Lors du second siège de Paris, contre la Commune, les vastes bâtiments de cet établissement servirent de prison aux fédérés capturés par l'armée de Versailles pendant les opérations militaires.

Les troupes étant rentrées dans la capitale, à la fin de mai 1871, on s'occupa immédiatement d'approprier les locaux de la maison fondée par Mme de Maintenon, pour leur rendre la destination qu'ils avaient avant la guerre contre la Prusse.

En août 1871, on nomma, pour commander l'école réorganisée, le général de brigade Hanrion, vigoureux officier sorti de Saint-Cyr comme sous-lieutenant au 19° léger, ayant fait longtemps la guerre en Algérie, puis la campagne de Crimée et le siège de Sébastopol, revenu d'Orient chef

de bataillon, passé lieutenant-colonel en 1866, mis
en activité hors cadre pour commander en second
l'École spéciale militaire, pourvu du commandement d'un régiment de marche à l'armée de défense de Paris pendant le premier siège, et nommé
colonel en récompense de sa brillante conduite, à
la tête de son régiment.

Général après le premier siège, M. Hanrion,
lors de la formation de l'armée de Versailles, reçut le commandement de la 2ᵉ brigade de la division Laveaucoupet, du 1ᵉʳ corps d'armée, et se
montra très brillant à l'attaque du 22 mai.

Depuis cette époque, l'école de Saint-Cyr a eu
plusieurs commandants et a continué à donner,
chaque année, des officiers du grade de sous-lieutenant aux divers régiments d'infanterie et de cavalerie de l'armée de terre, ainsi qu'aux régiments
de notre infanterie de marine.

Dès que les bâtiments de Saint-Cyr eurent été
remis en état de recevoir des élèves, après la
guerre de 1870 et celle contre la Commune de
1871, l'École militaire fut rétablie comme du temps

1.

de l'Empire, sous le même nom, et reçut 537 élèves, savoir : 320 jeunes gens admis après examens
et devant passer deux années, comme jadis, dans
l'établissement ; 170 élèves ayant déjà fait une
année d'étude ; enfin 47 *officiers-élèves* de la promotion devant sortir en 1871, et qui, n'ayant pu
satisfaire aux examens de fin d'année, à cause de
l'interruption des études pendant la guerre, furent
autorisés à rentrer à l'École pour y suivre, d'octobre à janvier, des cours supplémentaires et
spéciaux devant les mettre en état de subir avec
succès de nouveaux examens.

La situation de ces trois promotions était celle-
ci : les 320 élèves admis pouvaient être, en cas
de renvoi pour inconduite, remis simples soldats
dans les régiments dans lesquels ils avaient contracté un engagement volontaire. Les 170 élèves
de seconde année, s'ils venaient à échouer dans
les épreuves de sortie, devaient être admis dans
les corps d'infanterie et de cavalerie comme sous-
officiers. Enfin, les 47 autorisés à passer trois
mois à l'École pour parfaire leur éducation durent

passer leurs examens et être nommés sous-lieu-
nants ou rentrer dans la troupe comme sous-officiers. Ces 47 jeunes gens furent tous admis
comme sous-lieutenants dans les corps, à la fin
de l'année.

Comme transition de Saint-Cyr, maison d'éducation des jeunes filles, à Saint-Cyr, école militaire, nous ne saurions mieux faire que d'em-
prunter à un élève de cette dernière école les
deux spirituelles pièces de vers intitulées : *Jadis
et Maintenant*, et *le Petit Bois*. Les voici.

### JADIS ET MAINTENANT

Tout ici-bas change de caractère,
La terre tourne et roule à tous moments,
Et tout ici, tournant comme la terre,
Devient sujet à mille changements.
Cette maison, où *jadis* l'innocence
Fuyait le monde et ses plaisirs trompeurs,
Est *maintenant* une école où la France
Fait aux combats former ses défenseurs.
Et dans les lieux où l'on apprend la guerre
Et les secrets de cet art inhumain,

Là, de beautés, dans l'ombre et le mystère,
On élevait un gracieux essaim ;
Puis dans la suite, à leur noble patrie,
Elles donnaient de nouveaux habitants,.
Quand nous, remplis d'une rage ennemie,
Notre métier est de tuer les gens !
De Maintenon, de mémoire royale,
Un général a pris l'appartement,
Et nous mangeons notre pain dans la salle
Où maint bonbon se mangeait gentiment.
Dans ce dortoir où la jeune fillette
En rougissant consultait son miroir,
En un instant j'achève ma toilette
Et sors du lit, fort souvent, sans y voir
Dans cette froide et mauvaise couchette,
Ce pauvre lit et si dur et si bas,
La gente Agnès, tendre autant que discrète,
*Jadis*, peut-être, étendait ses appas.
Elle y dormait ; mais en vain avec force,
Moi, je me tourne en maudissant le sort ;
Le doux sommeil avec moi fait divorce,
Pourtant sans peine un innocent s'endort.
Et passe encore si cette Agnès jolie,
Dans mon malheur, prenant pitié de moi,
Pour adoucir l'ennui de l'insomnie,
M'apparaissait... pour calmer mon émoi !
Les roulements remplacent les cantiques ;
Aux hymnes saints succèdent les jurons :
*Jadis* la cloche aux sons purs et mystiques
Et *maintenant*... le fracas des canons.

Dans cette enceinte, où *jadis* de Racine
On entendait les vers harmonieux,
Où Polyeucte a converti Pauline
Et renversé les autels des faux dieux,
L'ancien, gaiment, court, voltige à merveille,
Et de son art nous montre le secret ;
Et le conscrit va, portant bas l'oreille,
En bougonnant, grelotter au piquet.
Rien, dans les murs tristes et solitaires,
Ne porte atteinte à notre pureté.
Mais... je ressens... des vapeurs somnifères...
Et je... m'endors... je rêve en vérité :
Je vois du temple Athalie arrachée...
Voici les juifs, les juives... Et bientôt...
J'embrasse Esther aux pieds de Mardochée,
Quand le tambour me réveille en sursaut !
Maudit tambour ! Ta bruyante cadence
Me plairait fort au milieu des combats ;
Mais je la crains quand, au sein du silence,
Le doux plaisir me berce dans ses bras.
Tout même un songe, ici l'on nous l'enlève ;
Dans ce dortoir, *jadis* plus attrayant,
Si gentie fille a formé plus d'un rêve,
Qu'un rêve, au moins, soit permis *maintenant*.

## LE PETIT BOIS

C'était au petit bois, mesdemoiselles,
Que vous jouiez pendant l'été.
C'est là que vous veniez ouvrir vos jeunes ailes
Impatientes de l'air et de la liberté.

Pauvres oiseaux captifs, plaintives tourterelles,
C'est là que vous avez chanté ;
C'est là que renaissait la gaité de votre âge ;
Qu'un sourire du ciel, sur vos jolies minois,
Descendait rayonnant à travers le feuillage.
C'était au petit bois.
Là de vos lèvres virginales
Partaient, timides, jusqu'aux cieux,
Comme un zéphir baigné de senteurs matinales
Ces soupirs inconnus, soupirs mystérieux,
Les premiers où votre âme,
Qui s'était fait sentir enfant,
Ait senti battre un cœur de femme
Dans sa poitrine en s'éveillant.
Et c'est au petit bois, quand l'ennui nous dévore
Et quand les murs de la prison
Nous paraissent plus hauts encore,
Que nous venons chercher un plus large horizon.
Nous y venons goûter la fraîcheur de l'aurore,
Humide encore sur le gazon.
Il n'est qu'une retraite où l'âme reposée
Vive de souvenirs et d'espoir à la fois,
Où le ciel sur le cœur nous verse la rosée,
Et c'est au petit bois.

MES SOUVENIRS DE 1832 A 1834 — LES BRIMADES — ELLES CESSENT EN 1866 PAR L'ADRESSE DU GÉNÉRAL DE GONDRECOURT — AVANTAGES QU'AVAIENT SUR LES AUTRES ÉLÈVES LES JEUNES GENS VENANT DE LA FLÈCHE — LES FANATIQUES.

J'entrai à Saint-Cyr au commencement de novembre 1832, sortant de la Flèche. L'École spéciale militaire était alors commandée par un excellent homme, le général du génie baron de Richemont, dont le second, un colonel de même arme, nommé Couche, avait le caractère également d'une grande bienveillance. Ces deux chefs se montraient d'une bonté, d'une douceur, peut-être un peu trop accentuées pour des jeunes gens pleins de sève de l'âge des élèves de Saint-Cyr; aussi l'École était-elle assez mal tenue. Les études faibles, la discipline relâchée.

Alors aussi régnait despotiquement une coutume bête, parfois cruelle, connue sous le nom de *brimade*. Les élèves ayant passé une année dans l'établissement s'intitulaient *anciens*, et faisaient subir des vexations abrutissantes, pendant un temps plus ou moins long, à leurs nouveaux camarades, qu'ils nommaient des *recrues*, des *melons* et aussi des *volailles*. Ce dernier nom venait sans doute de ce que, à cette époque, l'école ou collège de la Flèche (pays des volailles) fournissait le plus fort contingent à Saint-Cyr.

Malheur à l'infortuné nouvellement admis, qui arrivait de sa province, d'auprès de sa famille, ne connaissant pas un ancien, et tombait à l'école sans protecteur. On lui donnait d'office un parrain, un frère d'armes, ce que le marin appelle son matelot, ce que jadis, lorsqu'ils couchaient deux, le troupier nommait son camarade de lit.

Quelquefois l'ancien, désigné d'office, s'inquiétait peu de soustraire son conscrit aux brimades, et alors ce dernier subissait les vexations les plus inouïes, dont rien ne pouvait le préserver. En vain quelques jeunes gens robustes, fiers, essayaient-ils d'opposer de la résistance. Ils étaient toujours contraints de céder à la force brutale, et cela quelquefois sous peine de la vie. En effet, le dernier acte de cette espèce de folie ayant nom *brimade* était de jeter le récalcitrant dans l'angle d'un mur, d'une porte, et de lui donner une presse. La victime n'échappait pas toujours à cet odieux supplice. Un de mes anciens avait provoqué une presse contre un des conscrits de ma promotion. Ce dernier et malheureux jeune homme eut la poitrine enfoncée avant que les adjudants aient pu intervenir. Il en mourut. L'ancien fut inconsolable. Pendant toute sa carrière, qui fut brillante, il eut un caractère morne, taciturne. L'ombre de sa victime semblait le poursuivre en tous lieux. Ces brimades faisaient naître parfois entre anciens et conscrits des haines qui, à la sortie de l'École, se traduisaient par un appel l'épée à la main, sur le terrain.

Un autre élève de ma promotion, le comte de T...,

aujourd'hui sénateur, brimé par un ancien, nommé
P..., rencontre ce dernier à Paris, trois années
après leur sortie de l'École. Sans rancune il l'aborde
et lui tend-la main ; l'ancien lui rappelle qu'il l'a
brimé à Saint-Cyr et l'insulte. De T... et de P...
vont se battre au pistolet. P..., l'offenseur, tombe
mort d'une balle au front. Cette fois, au moins, le
sort avait été juste.

Bien longtemps encore après mon passage au
spécial *Bahut*, régna despotiquement cette coutume absurde ; aucun commandant de l'École n'avait
pu la déraciner ; elle le fut, enfin, par l'adresse et
la fermeté d'un de mes camarades de promotion,
le général de cavalerie de Gondrecourt, placé à
la tête de Saint-Cyr en 1866.

Cet aimable et spirituel officier général, auteur
de romans militaires et autres des plus amusants,
fort aimé à l'École, ayant eu l'idée de faire appel
aux sentiments de bonne camaraderie d'une promotion d'anciens, arriva à obtenir de cette promotion
de ne pas molester ou *brimer* ses recrues. Il
rendit, selon nous, un grand service à l'École et à

l'armée, en faisant disparaître ce sot usage, qui a
été abandonné dès lors.

Ce n'est pas sans étonnement que nous avons lu,
dans un ouvrage des plus amusants, publié en 1860,
sur Saint-Cyr, et intitulé *le Bahut*, une sorte d'apo-
logie de la *brimade*. On voit bien que l'auteur n'a
pas connu ce genre de supplice. Il s'inscrit en faux
contre la presse donnée aux récalcitrants et qui
coûta la vie à un jeune saint-cyrien. Nous pourrions nommer la victime; mais il faudrait aussi
nommer celui qui provoqua cette presse et qui,
parvenu aux premiers grades de la hiérarchie, est
mort glorieusement au champ d'honneur.

Ces sottes vexations ne s'arrêtaient nulle part.
Au réfectoire, servait-on un plat de haricots,
légumes dénommés *musiciens* par les uns, *bourre-
coquins* par les autres, l'ancien disait aussitôt au
conscrit qu'il voulait brimer : — Allons! monsieur,
prenez votre épinglette et rassasiez-vous de ces
*musiciens*, que, dans sa munificence, vous octroie le
gouvernement. — Alors le conscrit était obligé de
détacher l'épinglette qui lui servait à déboucher la

lumière de son fusil et de manger ses haricots en les enfilant un à un dans la brochette pendue à son uniforme.

Ces brimades n'étaient pas précisément spirituelles, comme celles que les anciens font subir à leurs nouveaux camarades à l'École Polytechnique, et qui, d'ailleurs, ne durent qu'un instant.

Donnons-en quelques exemples.

A Saint-Cyr, tout conscrit devait porter son bonnet de police bien perpendiculairement sur la tête ; l'ancien seul avait le droit de l'incliner sur le front. A chaque instant un ancien s'approchait d'un conscrit avec un fil à plomb sous prétexte de constater que le plan du bonnet tombait bien verticalement ; parfois il se permettait de jeter par terre la coiffure de son camarade, qui, disait-il, n'était pas perpendiculaire.

Souvent, la nuit, deux ou trois anciens se levaient à petit bruit, entouraient le lit d'un conscrit et lui donnaient une *omelette*, c'est-à-dire jetaient par terre matelas, couverture, draps et élève. D'autres fois ils faisaient lever un ou plusieurs conscrits et

Les brimades. — Le fil à plomb. — La patrouille
au dortoir.

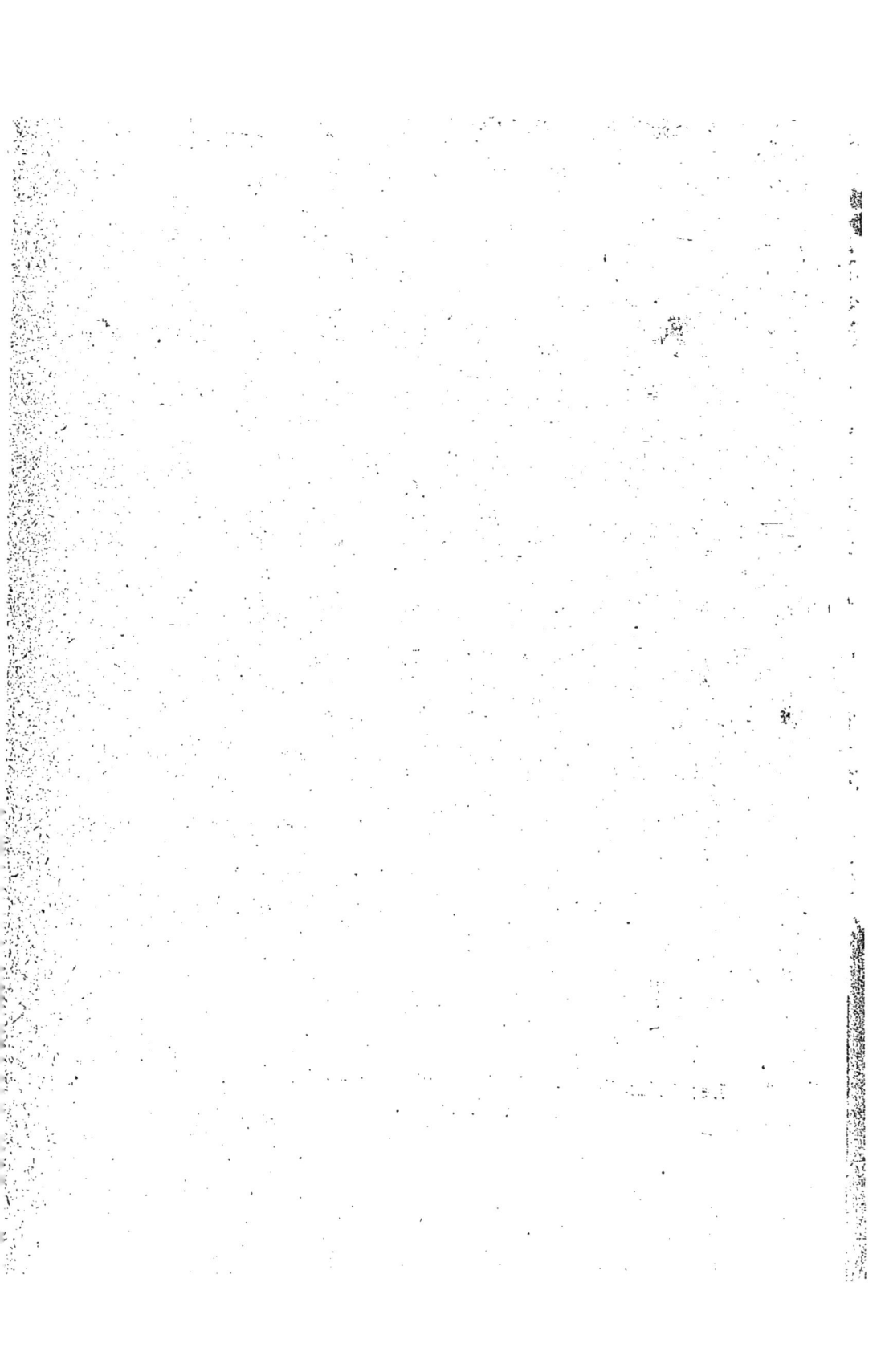

les forçaient soit à sauter pour l'officier, soit à décrocher leur fusil du râtelier et à faire autour du dortoir la patrouille, en chemise.

Le jour, on faisait répéter sans cesse pendant toute une récréation son nom et son numéro matricule à l'élève qu'on voulait brimer. Nous n'en finirions pas si nous voulions énumérer toutes les sottes inventions imaginées par les brimeurs, de mon temps.

Quant à moi, je fus peu tourmenté par mes anciens, attendu qu'en ma qualité de fléchois j'avais dans ma promotion beaucoup d'amis qui me protégeaient. Un autre avantage que nous autres, élèves de la Flèche, nous retirions et retirons encore de notre éducation militaire première, c'est de connaître tous assez bien le maniement du fusil et même les écoles du soldat et du peloton, instruction primitive à laquelle on attachait alors, et l'on attache encore aujourd'hui, je présume, une réelle importance. Et puis nous étions rompus à la discipline, à l'ordre, à la fatigue. Or, de mon temps, l'élève de Saint-Cyr discipliné, astiquant bien, ap-

prenant avec soin sa théorie, s'il avait l'adresse
d'échapper aux punitions journalières qu'on nous
prodiguait avec la plus incroyable et la plus ridicule facilité, était sûr de sortir dans un bon rang
de l'École, au bout de ses deux années d'étude,
n'eût-il qu'une intelligence médiocre. Je pourrais
citer d'anciens camarades de mon époque, aujour-
d'hui ayant dans l'armée les positions les plus
élevées, et dont le principal mérite, à Saint-Cyr,
était d'être ce que nous appelions des *fanatiques*,
c'est-à-dire faisant bien l'exercice et tenant leurs
armes et leurs effets dans un état de propreté remarquable.

# III

Je vais donner une idée de la vie que nous menions alors à Saint-Cyr.

Le matin, à cinq heures précises, été comme hiver, à quatre heures et demie, le dimanche, le tambour passait au pied de nos lits en battant la *Diane*, et nous réveillait en sursaut, comme à la Flèche.

L'adjudant de service, sortant d'une chambrette (1) située à l'extrémité de chaque dortoir,

---

(1) Cette chambrette où couchait l'adjudant avait reçu le nom de Casauba (Case au Bas) depuis la prise d'Al-

2

inscrivait impitoyablement sur son calepin, pour
le peloton de punition, tout élève n'ayant pas sauté
à bas de son lit et découvert sa couche au premier
coup de baguette. Chacun devait alors brosser ses
habits, cirer ses souliers, faire son lit avec soin et
à l'ordonnance, arranger avec symétrie la case destinée à recevoir les effets non employés, enfermer
dans la boîte en bois noir, ou *bahut*, placée à la
tête du lit les brosses, chiffons, etc.

On avait une petite demi-heure pour vaquer à
ces premiers soins. Alors, à un coup de baguette,
chacun, astiqué, boutonné, guêtré, gagnait son
rang au milieu du dortoir et était soumis à une
première, minutieuse et sévère inspection de l'adjudant. La moindre tache, une moucheture sur la
chaussure entraînait inévitablement la punition

---

ger, parce que l'adjudant était ce que l'on appelait
jadis dans l'armée un bas officier; et comme ces braves
gens se montraient, *par ordre*, sévères et même souvent
durs envers les élèves, ils en étaient, en général, dé-
testés, et ces derniers ne les désignaient que sous le nom
peu flatteur de *Bas*.

Cinq heures du matin. — Le réveil.

du peloton, aussi bien qu'une déchirure, un bouton tenant mal, ou astiqué imparfaitement.

On descendait ensuite sous le grand péristyle, au lavoir d'où l'eau pure coulait à la fois de trente robinets. Là se tenaient le capitaine de semaine et presque toujours le lieutenant-colonel Viénot, vieux soldat auquel nous consacrerons plus loin quelques lignes.

Après les fraîches ablutions faites à tour de rôle, on entrait dans les amphithéâtres, dont on sortait à huit heures, ayant employé deux heures selon le tableau journalier. A l'étude du matin succédait la récréation du déjeuner. Chacun recevait, dans la cour intérieure dite de Wagram, un excellent petit pain blanc, frais, dénommé, je ne sais pourquoi, par les élèves, *giraffe*. Ceux qui avaient pu, malgré la défense, cacher un morceau de viande apporté du souper de la veille, ce qu'on appelait, je ne sais non plus pourquoi, *faire cornard*, déjeûnaient fort bien avec addition de l'eau fraîche de la fontaine, à discrétion. Le dimanche nous recevions chacun un verre de bon vin rouge.

2.

Au déjeuner succédaient, jusqu'à midi, les cours et les études. On entrait dans les salles en rang, on en sortait de même, sous le commandement d'un élève, le sergent-major de semaine, désigné à tour de rôle; on marchait au son du tambour.

Le sergent-major de ma compagnie était alors un vigoureux garçon, devenu un brillant général de division, sénateur, grand-officier, mort récemment, M. Letellier-Valazé, neveu du général du génie de ce nom, sous le premier Empire.

Le dîner était copieux et convenable. Une soupe, un plat de viande, un plat de légumes, du vin coupé d'eau à discrétion, une bouteille de vin pur pour quatre élèves. Le souper était également copieusement servi; la soupe était en moins. Cela ne nous empêchait pas de nous plaindre de la nourriture; naturellement. Après le dîner, récréation.

Les élèves punis se rendaient à la salle d'armes, décrochaient au râtelier un lourd fusil noir, bronzé, se plaçaient sur un rang, au port d'armes, non pas au port d'armes actuel, la sous-garde dans la main droite, mais au port d'armes de cette époque, le fusil dans la main gauche, la paume de la main sous la crosse. Ils attendaient ainsi sans bouger la fin de la récréation. Cette punition stupide pouvait être dangereuse. Eh bien ! la force de l'habitude me l'avait rendue indifférente. La seconde année de mon séjour à l'École, je dormais debout, mon fusil dans la main, sans avoir le bras ankylosé.

L'après-midi était consacré à l'exercice. Jusqu'à ce que le conscrit sût exécuter le maniement des armes avec la dernière perfection, chaque nouvel arrivé était instruit par son ancien avec un soin, une sévérité dont rien ne saurait donner une idée. Aussi, la tenue des armes et du fourniment, l'exercice, les manœuvres, les écoles du fantassin (la section de cavalerie n'existait pas encore à Saint-Cyr), en un mot, tout ce qui a trait à la partie matérielle de l'éducation du soldat était poussé à un tel point de perfection que l'École méritait et mérite encore le nom du *premier bataillon de France*.

La théorie sur les écoles du soldat, du peloton, du bataillon devait être apprise et répétée mot pour mot ; chacun était exercé à passer par toutes les fonctions de ces diverses écoles qu'il commandait à plusieurs reprises la seconde année. Alternativement chef de section, chef de peloton, adjudant-major, chef de bataillon, obligé de détailler à pleine voix les divers mouvements avant de les faire exécuter, un saint-cyrien, à la suite de ses deux années passées au *bahut*, était en état de faire bien manœuvrer un bataillon, de voir et de rectifier les fautes de chacun. Il en était déjà ainsi sous le premier Empire, car, lors d'une revue de Napoléon Ier, où Saint-Cyr avait été appelé, il se passa le fait suivant. L'empereur prescrit à un élève de l'École de prendre le commandement d'un des bataillons de la garde et de lui faire exécuter le maniement des armes. Les vieux grognards, mécontents d'être commandés par un blanc-bec, obéissent mollement.

« *Au temps !!!* » leur crie le saint-cyrien, et il fait recommencer le mouvement.

Napoléon, ravi, donne immédiatement au jeune homme l'épaulette de sous-lieutenant.

Le lieutenant-colonel Viénot était plus spécialement chargé de l'instruction pratique. C'était la théorie du fantassin faite homme. L'élève n'était considéré par lui, qu'autant qu'il avait un *beau port d'armes*. Un élève eût tué père et mère, le colonel eût peut-être, à cela, trouvé des circonstances atténuantes s'il eût eu un *beau port d'armes*. Ce brave homme avait fait tout son avancement comme sous-officier, officier et même officier supérieur dans les écoles militaires de Fontainebleau, de la Flèche, sous le premier Empire, de Saint-Cyr, sous la Restauration et le gouvernement de Juillet. C'était un type que toute l'armée a connu, une spécialité pour l'exercice, mais il ne fallait pas lui demander autre chose. Déjà, sous le général Bellavène, les élèves lui avaient donné le surnom de *Robustus*. De mon temps, lorsqu'on n'était pas satisfait de *Robustus*, lorsqu'il avait commis quelque méfait dont on avait, ou dont l'on croyait avoir à se plaindre, on le punissait par

une *muette*. Le bataillon exécutait tous les mouvements du maniement des armes avec une régula-
rité parfaite, mais les mains attaquaient les armes
sans le moindre bruit. Viénot, qui ne pouvait os-
tensiblement trouver des fautes à punir, les mouvements étant réguliers, roulait des yeux furibonds
de la droite à la gauche du bataillon, s'agitait,
marchait à grands pas sur le front de bandière. Il
semblait un sanglier attaqué dans sa bauge.
Malheur alors à celui qui commettait la moindre
faute, qui emboîtait mal le pas ou n'avait pas le
tact des coudes, la salle de police ne tardait pas
à compter une victime de plus.

J'ai raconté, dans le livre que j'ai publié sur la
Flèche (le *Panthéon fléchois*), ce qui m'était arrivé avec *Robustus*, la veille de mon départ de
l'École, à la revue d'honneur du général inspecteur. Cette anecdote pouvant donner la juste mesure de l'intelligence et du caractère du brave
officier, je la reproduis ici succinctement.

Au mois d'août 1834, nous eûmes pour inspecteur général le baron de Lort, brillant officier de

cavalerie, peu initié aux manœuvres de l'infanterie, et aide de camp du roi Louis-Philippe.

Après que les sergents-majors eurent fait manœuvrer le bataillon, à la revue d'honneur, avec beaucoup de *brio*, et avant le défilé, le général faisant compliment au colonel Baraguey d'Hilliers, alors à la tête de l'École, sur la façon dont ses sous-officiers commandaient le bataillon. « Tous mes élèves, répondit le colonel, peuvent en faire autant. — Ah! parbleu, je veux voir cela, dit l'inspecteur, qui passait alors à la gauche du bataillon où j'étais en serre-file comme guide général. Voyons celui-ci? — Prenez le commandement du bataillon, » me dit le colonel.

Aussitôt, me portant devant le front, je fais faire un roulement, et de ma voix la plus forte je crie : « A mon commandement ! » Puis je fais porter les armes et j'attends.

Le général vient près de moi et me dit : « Commandant, faites exécuter une marche en bataille à la baïonnette. » Le bataillon marche cent mètres au pas de charge, aligné au cordeau. — Bravo !

s'écrie le bon général, faites arrêter. Voyons, un régiment de cavalerie vous menace sur votre gauche, que faites-vous ? — Aussitôt je commande la colonne double et fais former le carré. — C'est bien, mais il vous faut gagner une position en avant à deux cents mètres, et pendant ce temps vous pouvez être chargé. Quelles dispositions prenez-vous ? — *Robustus* s'approche de moi et me souffle à l'oreille : Faites rompre le carré et former la colonne. Ainsi le prescrit, en effet, l'ordonnance. Mais croyant avoir saisi la pensée du général, je commande : Deuxième et troisième faces, par le flanc gauche et le flanc droit, quatrième face, demi-tour, carré en avant, guide au centre, pas de charge. Je me place au milieu et je gagne ainsi la position indiquée.

— Très bien, jeune homme, me dit le général inspecteur, faites former les faisceaux et rentrez à votre compagnie. Enchanté, ravi, je reprends mon rang et je reçois les félicitations de mes camarades. Après le défilé, un adjudant vient me chercher. Naturellement, je crois qu'on m'appelle pour me faire des compliments. On me mène devant *Robustus*, qui, comme un jour de *muette*, se promène l'œil en feu, le menton dans la main. — Où avez-vous vu, me dit-il, dans l'ordonnance, qu'on fasse marcher un carré? Adjudant, menez monsieur à la salle de police pour quatre jours. Quatre jours de *carcere duro*, et l'on devait quitter l'École le lendemain! Me voilà donc, prenant tout penaud le chemin des prisons, songeant avec désespoir que j'ai encore deux fois quarante-huit heures à habiter le vieux *Bahut*, dans une boîte cellulaire, au lieu d'aller *passer la jambe* au Palais-Royal ou sur le boulevard. Heureusement, je rencontre sur mon chemin le colonel Baraguey d'Hilliers. « C'est bien, me dit-il, jeune homme, vous avez crânement fait manœuvrer votre bataillon, le général est très content. — Merci, mon colonel, mais le lieutenant-colonel n'est pas aussi satisfait, car il m'inflige quatre jours de salle de police pour avoir fait marcher le carré, au lieu de reformer la colonne double. Baraguey ne put s'empêcher de partir d'un éclat de rire, puis il dit

3

à l'adjudant : « C'est bien, ramenez monsieur au bataillon. » De loin, je vis les deux colonels s'aborder, *Robustus* gesticulant pour prouver sans doute que j'avais commis un gros crime et que la levée de ma punition était l'abomination de la désolation. Je sus, depuis, que le général de Lort et le colonel Baraguey s'étaient fort amusés de cette histoire.

# IV

Je reviens à notre vie journalière. Le soir nous
avions une classe ou cours, une longue étude,
et après le souper une récréation digestive d'une
grande demi-heure, pendant laquelle les élèves du
demi-bataillon de droite, c'est-à-dire des trois
premières compagnies par rang de taille, ou
les *chameaux*, comme nous les appelions alors,
circulaient dans leur salle, tandis que les trois
compagnies du dernier bataillon de gauche, ou
les *graines*, comme nous appelaient les *chameaux*,
tournaient dans la leur. Dans l'une et l'autre de
ces salles, aussi bien que dans les cours d'Aus-

terlitz et de Wagram, interdiction absolue était
faite aux conscrits, jusqu'au départ du dernier ancien, de mettre le pied dans le rond, terrain sacré
que l'élève de recrue, le melon, la volaille, ne devait pas se permettre de souiller, pas même de
traverser pour se rendre, par le plus court chemin, d'un point à un autre. A cet égard, les anciens se montraient féroces. Une recrue mettant
un pied dans le rond eût senti s'abattre cent
poings fermés sur sa tête et ses épaules.

Nous étions de grands enfants à Saint-Cyr, de
notre temps, nous les futurs officiers, et il est
probable que les générations qui nous ont succédé
ne nous l'ont cédé en rien à cet égard.

Les jours se suivaient et se ressemblaient beaucoup pendant la semaine. Le dimanche, les
choses se passaient différemment; mais avant de
continuer, un mot sur les changements survenus
dans la direction de l'École.

Le bon général de Richemont et son second, le
colonel Couche, jugés l'un et l'autre trop faibles
de caractère pour commander une école dont

presque tous les élèves, imbus des idées favo-
rables à la branche aînée des Bourbons, étaient
en quelque sorte hostiles aux princes de la branche
cadette, furent remplacés par un officier supérieur
connu dans toute l'armée pour sa sévérité, le
colonel comte Baraguey d'Hilliers, et par le lieutenant-colonel Viénot, déjà depuis si longtemps à
l'école, et nommé commandant en second.

Lorsque le colonel Baraguey d'Hilliers parut
pour la première fois devant l'École en bataille
dans la cour d'Austerlitz, ayant à son côté le
lieutenant-colonel Viénot, il fit faire un roulement,
mit l'épée à la main et se reconnut lui-même
comme commandant; puis il nous passa l'inspection, nous fit manœuvrer et défiler. Réunissant
ensuite autour de lui les six chefs de compagnie
ou sergents-majors, il leur prescrivit de nous dire
que nous manœuvrions mal et étions tenus comme
des *cochons*, compliments peu flatteurs; singulière
façon de notre nouveau chef de payer sa bienve-
nue. Du reste, cela n'était pas juste; nous manœuvrions bien et n'étions pas mal tenus.

On comprend que cette manière d'agir à l'égard de jeunes gens fiers et se croyant déjà en possession de l'épaulette d'officier ne fut pas du goût des élèves et fut accueillie par des murmures. Le nouveau colonel, qui voulait réagir sur la conduite de son prédécesseur, ne s'inquiéta guère de notre désapprobation. Son bras de moins (il était manchot) lui donnait un point de ressemblance avec le préfet de police Gisquet ; il fut immédiatement surnommé le Gisquet de Saint-Cyr. Une autre circonstance le fit encore prendre en grippe.

Il était interdit aux élèves de fumer ; toutefois, une sorte de tolérance à cet égard était tacitement admise. Pour que les adjudants et les officiers de service dans les salles et les cours n'eussent pas à intervenir, les fumeurs délinquants avaient choisi pour estaminet les lieux d'aisances, qui étaient ainsi toujours encombrés de deux sortes d'acteurs. Le colonel le sut : dès le lendemain de sa prise de possession du commandement, il fit en personne une irruption dans les lieux d'aisances, pendant la récréation du matin, prit sur le

fait une demi-douzaine de fumeurs à pipes culot-
tées, cassa de sa main les brûle-gueules saint-
cyriens et envoya leurs propriétaires à la salle de
police.

Le soir même, on lisait en gros caractères à la
porte des commodités :

*C'est ici que Gisquet vient redorer ses épaulettes.*

Tout cela n'était pas fait pour amener la bonne
intelligence entre le nouveau chef et nous, et les
punitions commencèrent à tomber dru sur nos
épaules. Pas de petites fautes impunies, pas de
simple négligence laissée sans une sévère répres-
sion.

# V.

Le dimanche, le réveil fut avancé d'une demi-
heure pour nous donner plus de temps à l'asti-
quage. A huit heures le déjeuner, puis l'inspection
et la manœuvre devant le colonel. Cela durait
jusqu'à dix heures. C'était long et fatiguant, le
sac au dos. J'ai vu parfois des élèves, lors des
grandes chaleurs, tomber la face contre terre. On
les transportait à l'infirmerie et on les remettait
aux soins intelligents et maternels des bonnes
sœurs, qui, comme celles de la Flèche, avaient
pour nous le plus absolu dévouement. Je dois dire
aussi, à propos de ces chutes, que j'ai vu des

3.

élèves faire intentionnellement ce que nous appelions *carpe frite.*

Lorsque la revue dominicale paraissait trop longue aux malins qui s'étaient exercés à la frime de *carpe frite,* ou lorsque, consignés, ils voulaient goûter des douceurs de l'infirmerie, ils se laissaient choir; et il était impossible de savoir si c'était un jeu ou une réalité, tant ils faisaient la chose naturellement.

Après la revue, une messe basse était dite par un des chapelains. Elle était lestement expédiée. Le colonel, les officiers de l'état-major y assistaient d'une tribune située en arrière, sous l'orgue. Jamais de sermon. Un dimanche cependant, un nouvel abbé, nommé Le Blanc, trop zélé ou peu au fait des us et coutumes de l'École, monte en chaire à notre grand étonnement et à notre plus grande indignation. — On *donne aussitôt un peloton* au pauvre prédicateur; c'est-à-dire qu'on accueille ses premières paroles par un sourd murmure. Le colonel se lève dans sa tribune et s'écrit à haute et intelligible voix; — « Messieurs, il faut

se conduire à l'exercice comme à l'exercice, à la
messe comme à la messe, le bataillon sera huit
jours au bataillon de punition. Descendez, monsieur l'abbé. » Jamais de vêpres.

Le dimanche à deux heures nous prenions les
armes, et sac au dos, sous le commandement du
capitaine de semaine, nous faisions deux ou trois
lieues sur un chemin avoisinant l'École; c'est ce
que nous appelions passer la jambe sur la route
aux cochons. Le colonel Baraguey d'Hilliers faisant quelquefois l'inspection du bataillon avant le
départ, ordonnait de mettre sacs à terre et de les
ouvrir, pour prouver qu'ils contenaient tous les
effets d'ordonnance placés réglementairement.

Un beau dimanche, le colonel s'aperçut que
j'avais oublié ma seconde paire de souliers; cela
me valut quatre jours de salle de police, et ça
n'était pas drôle, cette punition; quatre jours en-
fermé dans un cabanon cellulaire avec du pain
et de l'eau pour toute nourriture. On n'était pas
tendre pour nous, au *bahut* spécial.

Je me rappelle qu'un dimanche la promenade

militaire fut poussée jusqu'à Saint-Cloud. Le capitaine de semaine, excellent homme, nommé Con-
rier, craignant que nous ne fussions fatigués, fit
former les faisceaux et rompre les rangs, sur la
terrasse du bord de l'eau.

Aussitôt nous nous précipitons chez tous les
restaurateurs, liquoristes, cafetiers, achetant des
liquides de toute espèce. Le capitaine fait bien
vite battre le rappel. Trop tard! les bouteilles
étaient déjà dans le sac. Il en résulta quelques
grisades, et huit jours d'arrêts pour le bon capitaine. Parfois on nous conduisait au parc de Versailles. Nous défilions alors par la ville et sur le
tapis vert, dans un ordre parfait. Un après-midi,
au moment où nous rompions les rangs près du
bassin de Neptune, arrivait une pension préparatoire de Versailles, ce que nous appelions de la
future volaille. Aussitôt on court sus et l'on jette
à l'eau une dizaine de ces jeunes gens. Heureusement on était en été, le soleil était chaud, l'eau
du bassin peu profonde. Mon Dieu! que l'on est
donc bête et méchant à vingt ans!..

Lorsque je devins ancien à mon tour, je ne me livrai à aucune vexation sur les pauvres conscrits; au contraire, je cherchai à éviter à mes nouveaux camarades les ennuis des premiers temps. Je me souviens de la brimade exercée par un de mes amis à l'égard du fils d'un des plus riches banquiers de Paris. L'ancien forçait son conscrit à lui demander chaque matin l'aumône, et à recevoir un sou. Un certain nombre de duels étaient la conséquence de ces brimades, et parfois de braves jeunes gens faits pour s'estimer et s'aimer devenaient des ennemis irréconciliables. Quelques-uns ont été tués dans ces rencontres.

Une anecdote à propos du fils du riche banquier auquel les brimades avaient rendu le séjour de l'École insupportable. Avant et après les promenades, comme à toutes les prises d'armes, un appel était fait par le sergent de semaine dans chaque compagnie. Un beau dimanche en rentrant au bahut, à l'appel de son nom personne ne répond *présent*. Qu'était devenu l'élève? On rend compte au capitaine. Va-t-on le porter déserteur?

Le soir, une chaise de poste attelée de quatre chevaux dépose dans la cour royale, au pied de l'escalier du colonel, le déserteur qui a décampé pendant la promenade avec armes et bagages, s'est
fait mener à Paris chez son père, trouvant insupportable le régime de l'École, et que son père s'est
empressé de ramener en grande vitesse au bahut.
Cela coûta quelques louis au père et quinze jours
de prison au fils.

# VI

Les anciens avaient certains privilèges. Chaque
jour, par exemple, l'un d'eux à tour de rôle était
commandé de service à la cuisine. Il devait surveiller le chef et ses aides. Je dois dire qu'il était
toujours en bonne intelligence avec notre gros
cuisinier, nommé Grasse-Oreille. Une excellente
côtelette, un rognon, une tranche de gigot que
l'adroit Vatel trouvait moyen de glisser à l'élève de
garde près de ses fourneaux, les mettait d'accord.
Le samedi, jour de choucroute, rien de curieux
comme le lavage, le triturage de cet aliment. Je

vois encore l'immense chaudière remplie d'eau
dans laquelle on jetait les tonneaux de ces choux
fermentés. Deux gros et sales marmitons, entièrement nus, chacun une pelle à la main, se plon-
geaient dans la marmite, la parcourant en tous
sens, sous le fallacieux prétexte de nettoyer ce
plat, fort apprécié des anciens et peu goûté des
nouveaux. Dieu sait ce qui se passait dans le
vaste local entre la choucroute et ces deux net-
toyeurs. Heureusement le feu purifie tout.

Un autre privilège des anciens était de fournir
chaque jour un poste de dix hommes, un caporal
et un appointé, pour monter la garde à l'intérieur.
Ce poste plaçait deux sentinelles, une devant les
armes, une à la porte principale de la cour Wagram. Le corps de garde était le quartier général
des objets de contrebande; le colonel ne l'ignorait
pas, aussi y entrait-il souvent à l'improviste et à
toute heure.

Voici ce que nous avions imaginé pour être
prévenus à temps de son intempestive visite.

Dès que le factionnaire placé dans la cour Wagram apercevait le terrible chef, il lui présentait les armes en faisant le plus de bruit possible et laissait tomber la crosse de son fusil sur le pavé de la cour. Ce signal était répété par la sentinelle du poste, et tout objet de contrebande disparaissait aussitôt, si faire se pouvait. Un matin, un quart d'heure après le réveil, en plein hiver, le colonel pénètre dans la cour Wagram en donnant l'ordre à l'élève de faction de rester l'arme au bras. Il arrive à la porte du poste, empêche la seconde sentinelle de bouger, et se trouve brusquement dans le corps de garde. Je commandais en l'absence du caporal, alors à la cuisine. Devant un poêle bourré de bois, rouge de feu, mitonnait dans une grande cruche de grès un alléchant vin chaud avec citron, sucre et cannelle. En apercevant le colonel, je n'ai que le temps de mettre mon bonnet de police sous mon bras gauche, de saisir la cruche de la main droite et de la placer derrière mon dos, en la soutenant de mon mieux.

« Ça sent le vin chaud ici, s'écrie Baraguey, où est la cruche ? — La voilà, mon colonel. » Et je lui montrais une cruche pleine d'eau que nous avions soin de tenir toujours en évidence, placée dans un coin. « Voyons le bois ! » Il pousse les bûches de son pied. « Rien, fait-il en sortant, allons, vous êtes plus malins que moi. » Et il ferme la porte. Il était temps, j'allais lâcher la cruche au vin chaud, mon bras s'ankylosait. Le factionnaire lui présente les armes et manque de tomber sur le nez. « Ah ! ah ! dit Baraguey, vous voilà dans les vignes du Seigneur, vous. » L'élève, garçon de beaucoup d'esprit, répond aussitôt : « Non, mon colonel, dans ses plantations de tabac. » Le malheureux avait fumé une pipe qui l'avait rendu horriblement malade. Il était expressément défendu de fumer ; cependant, le colonel ne put résister à la réponse spirituelle de l'élève ; il se mit à rire de bon cœur. Entr'ouvrant la porte du corps de garde, il me dit : « Relevez votre factionnaire de devant les armes et envoyez-le coucher. » Le factionnaire se nommait de Vautré. Il se dirige sur les salles de police tout naturellement. « Mais non, lui dit le colonel, allez vous

Le corps de garde. — Le vin chaud.

coucher dans votre lit. » Il ne fut pas puni. Il est
mort devant Sébastopol de deux coups de feu.
C'est la seule fois, je crois, que le futur maréchal
pardonna, à Saint-Cyr, une infraction à la discipline. Trente ans plus tard, je rappelai au camp
de Boulogne cet épisode au maréchal; il ne l'avait
pas oublié. C'était un homme d'esprit.

Voici comment nous nous y prenions pour obtenir du vin chaud. Après chaque repas, un des
hommes de garde parcourait les tables du réfectoire, versant dans une grande cruche de grès
tout ce qu'il trouvait de vin laissé par les élèves
dans les bouteilles ou dans les timbales. Cela fait,
un garçon, aide du cours de chimie, que nous
nommions *Tournesol*, nous fournissait, moyennant finances, sucre, citron, cannelle. La cruche
étant au complet de ses ingrédients, nous faisions
rougir au feu du poêle du poste la barre de fer
recourbée qu'on appelle consigne, et nous la
plongions dans le liquide.

Après trois ou quatre immersions de cette espèce, le vin était chaud et dégageait un goût de

fer à entêter le plus robuste. Si on nous avait servi un ragoût de cet acabit, nous eussions crié comme de beaux diables; mais depuis Adam et Ève, le fruit défendu est si bon !

Un mot sur Tournesol. Le brigand, véritable et adroit Figaro, se faisait avec nous de jolis bénéfices. Il nous fournissait tout ce que nous lui demandions, sans jamais s'inquiéter d'autre chose que du prix, sur lequel il ne plaisantait pas. Vous lui auriez demandé du vin de Tokay, il vous l'eût apporté. Vins, liqueurs, il fabriquait tout lui-même dans son laboratoire; aussi le professeur de chimie se trouvait-il fort souvent au dépourvu et n'avait-il devant lui que des fioles vides ou des substances dont l'eau fraîche formait la base.

Comprend-on ce que le misérable Tournesol nous ingurgitait ?...

# VII

Le dimanche après le dîner, les parents des élèves pouvaient faire appeler ces derniers et les voir une demi-heure à la salle de visites. J'étais lié avec le fils d'un général du premier Empire dont la mère connaissait ma famille.

Un dimanche, elle vint avec mon père voir son fils. On lui dit que ce dernier était à la salle de police pour fait grave. Elle ne peut obtenir d'autres explications. Mon père me demande si je connais le motif de la punition; je me mets à rire et je lui raconte que la veille, à l'école de peloton, on avait commandé en joue, et que le brave garçon ayant cru qu'on allait dire *Feu!* avait profité de la circonstance pour faire entendre un bruit insolite. Le capitaine de service, au lieu de commander le feu, ayant fait redresser les armes, le coupable s'était trahi lui-même par un franc éclat de rire. Mon père obtint du colonel la grâce du pauvre diable, qui vint embrasser sa mère.

Nous avions de fréquents exercices à feu. Pendant une manœuvre de ce genre dans la cour d'Austerlitz, le colonel se trouvant devant le front du bataillon, entendit siffler une balle près de lui. Il ne put retenir un gros juron. Il était dans son droit. J'étais très lié avec l'auteur de cette vilaine action. Il a été tué devant Sébastopol, à la tête de son régiment.

Le colonel Baraguey d'Hilliers, homme intelligent, très brave, aimant la discipline chez les autres et ne l'ayant pas toujours pratiquée lui-même bien strictement dans sa vie militaire, a été fort aimé des promotions de Saint-Cyr qui ont

succédé à la mienne et à celle de mes conscrits.
Il était détesté de mon temps. Nous ne lui par-
donnions pas deux choses : 1° ce qu'il nous avait
fait dire lors de sa première revue ; 2° sa conduite
à une révolte politique qui faillit éclater en 1834,
à l'École, lors des affaires de la rue Transnonain,
après l'insurrection de Lyon.

L'École de Saint-Cyr était alors divisée en deux
partis politiques à peu près en nombre égal. Les
élèves ayant l'opinion légitimiste, les élèves républicains. Un seul, fils d'un intendant, osait se dire
partisan du gouvernement de Juillet. Cet état de
choses ayant été connu à Paris, au *National*,
Armand Carrel voulut en profiter pour tâcher
d'entraîner dans la grande ville, sinon l'École tout
entière, du moins la partie libérale, lorsqu'une
émeute assez sérieuse éclaterai dans la capitale.
Deux mois avant les événements de 1834, les ré-
dacteurs des journaux républicains de Paris, Carrel en tête, se rendaient les dimanches à la salle
des visites, faisaient appeler des élèves, et nous
suivaient à la promenade pour nous endoctriner.

4

Ils pensaient avec raison que quelques uniformes de troupiers et surtout de saint-cyriens vus avec des uniformes de la garde nationale au milieu des rangs des émeutiers feraient bien dans le tableau et pouvaient avoir une influence déterminante sur l'armée. En outre, l'émeute n'avait pas de canon, et l'École de Saint-Cyr possédait, à son polygone, une belle batterie de campagne.

Le colonel n'ignorait pas ces menées, mais il laissait faire. Dans quel but, je l'ignore. Les choses marchaient ainsi depuis quelques semaines, et en étaient arrivées à ce point que d'un accord tacite il avait été convenu qu'au premier signal venu de Paris les élèves légitimistes ne bougeraient pas, ne s'opposeraient à rien, et que les élèves républicains prendraient les armes, s'empareraient des canons et marcheraient pour donner la main à l'émeute. Nous ignorions tous alors que des précautions avaient été prises pour cette éventualité, et que les deux régiments de carabiniers de Versailles, le cas échéant, devaient monter à cheval et se porter au-devant des saint-cyriens, barrant la route de Versailles.

Lorsque les émeutes éclatèrent à Paris, lorsque l'on crut à Saint-Cyr entendre le bruit du canon, les esprits fermentèrent, on attendit avec anxiété le message convenu, il ne parvint pas jusqu'à nous. En outre, les pièces avaient été démontées par précaution, les gargousses défaites par ordre du colonel, sans qu'on le sût. Tout se passa tranquillement à l'École, sauf une agitation fébrile.

Bientôt on apprit que le gouvernement avait eu le dessus, que la république était vaincue. Le colonel Baraguey d'Hilliers sortant alors de son calme apparent, de sa prudente réserve, se décide à sévir contre les élèves qui l'avaient si fort inquiété depuis quelque temps. Pour ne pas faire connaître ce qui s'était passé à l'École, pour laisser ignorer les opinions politiques de ses jeunes gens (ce qui était habile de sa part), pour punir cependant et atteindre les coupables, il fallait un prétexte, le colonel le trouva, avant l'inspection générale. Un jour, les sergents-majors sont appelés devant le commandant de l'École, qui leur

déclare que : de la poudre a été dérobée à l'artifice par les élèves chargés, à tour de rôle, de con-
fectionner des cartouches et des gargousses, et que,
si ces munitions ne sont pas restituées, des responsables seront désignés dans chaque compagnie
et renvoyés de l'École.

Enquête est faite par les élèves eux-mêmes, et
il en résulte la certitude que rien n'a été dérobé à
l'artifice. Le colonel persiste dans son dire, nomme
des responsables et les fait enfermer dans les prisons de l'École. Le lendemain soir, au moment
où l'on va passer au dortoir, une révolte éclate,
les élèves du demi-bataillon de gauche se préci-
pitent dans la salle du demi-bataillon de droite.
Beaucoup courent prendre leurs fusils, le colonel
arrive, est entouré, frappé, insulté, manque d'être
jeté par la fenêtre, est obligé d'entrer en composition, et a une peine extrême à calmer les esprits.

Tout finit par rentrer à peu près dans l'ordre,
à la suite des promesses faites. Le surlendemain,
avant l'aurore, le tambour bat la diane, ordre est
donné de prendre les armes. On se forme en ba-

taille dans la cour d'Austerlitz, et bientôt un général de division connu pour son excessive sévérité, M. Vasserot, paraît devant le front de l'École,
fait sortir des rangs six élèves, un par compagnie,
déclarés responsables, et les fait partir comme
simples soldats pour leurs régiments.

Nous n'osâmes pas bouger, le calme se rétablit
et les études reprirent leurs cours.

Une circonstance heureuse nous rendit nos pauvres camarades fort innocents, dans toute cette
affaire.

J'ai dit qu'à cette époque la moitié des élèves
se targuaient hautement d'avoir des opinions légitimistes, l'autre moitié d'être républicains.

Pendant la Restauration, les princes et les prin-
cesses de la branche aînée des Bourbons avaient
fait de fréquentes visites au spécial Bahut ; le
vieux roi Louis XVIII lui-même y était venu, et
dans une courte allocution avait dit aux saint-
cyriens cette phrase, qui avait eu du retentisse-
ment dans l'armée et dans la France entière :
Chacun de vous a dans sa giberne le bâton de

maréchal. Le comte d'Artois, depuis Charles X,
le duc d'Angoulême, les duchesses d'Angoulême
et de Berry, cette dernière avec le duc de Bordeaux,
se rendaient parfois à l'École. Le jeune prince
distribuait alors les décorations accordées aux
officiers et professeurs, les épaulettes données
aux élèves.

La famille royale parcourait l'établissement,
voyait le bataillon aux écoles d'infanterie et d'artillerie, se rendait à l'infirmerie, parlant avec
bonté aux sœurs, aux médecins, aux jeunes malades. Enfin, en juillet 1830, l'École fut à Ram-
bouillet pour défendre son roi.

En 1834, ces souvenirs n'étaient pas si éloignés
qu'ils ne fussent encore d'autant plus vivaces à
l'École, que jusqu'alors ni le roi Louis-Philippe
ni ses enfants n'avaient osé mettre le pied à
Saint-Cyr, de crainte d'y être mal reçus.

Aussi les élèves dont les familles étaient restées
fidèles à la cause des Bourbons de la branche
aînée se montraient-ils légitimistes ; ceux dont les
familles avaient adopté les idées dites *libé-*

*rales* se donnaient les gants d'être républicains.

Les choses en étaient là, lorsque le fils aîné du roi, l'aimable et brillant duc d'Orléans, témoigna un jour à Baraguey d'Hilliers le désir de se rendre à l'École. Le colonel, connaissant l'esprit de ses élèves, se montra soucieux de la suite que pourrait avoir cette visite princière. Toutefois le duc d'Orléans ayant insisté, l'adroit commandant de Saint-Cyr, qui, sous son air brusque et dégagé, était très fin, pensa qu'avec une concession habile on pourrait sortir d'embarras. Il insinua au jeune prince que, s'il voulait être bien reçu à l'École, il avait un moyen fort simple, c'était d'obtenir du ministre de la guerre, par l'entremise du roi, la réintégration des élèves renvoyés dans leurs régiments, lors de la dernière révolte. Cette mesure d'indulgence était forte indifférente au ministre et au roi. Elle arrangeait tout le monde, les élèves, les familles, le colonel lui-même.

Un beau matin donc de la fin de juillet 1834, le bataillon prend les armes dans sa plus belle tenue, et se forme au polygone. Bientôt les tambours

battent aux champs, et le duc d'Orléans paraît sur
le front de la ligne, avec son aide de camp, le général Marbot, le colonel Baraguey d'Hilliers et
l'état-major de Saint-Cyr. On fait ouvrir les rangs ;
le prince passe devant chacun des élèves, cherchant toutes les occasions de dire un mot aimable,
et reçu d'une façon si froide qu'il commence
bientôt à être embarrassé. On fait alors serrer les
rangs et la manœuvre a lieu. Tous les mouvements
sont merveilleusement exécutés. Le prince applau-
dissait ; rien cependant ne semblait pouvoir
rompre la glace. Enfin vint l'école à feu. On avait
distribué à chaque élève trente cartouches. Au moment du feu de bataillon, le colonel voulut faire
passer le prince derrière le bataillon. Le duc
d'Orléans s'y refusa. Après les feux, il dit tout
haut : Je n'ai jamais vu bien exécuter une marche
en ligne à la baïonnette, voyons si Saint-Cyr saura
la faire. Se plaçant à l'extrémité du terrain, il voit
venir à lui le petit bataillon au pas de charge,
aligné au cordeau. — Bravo ! s'écrie le fils aîné
du roi, c'est merveilleux. Il ordonne alors de for-

mer les faisceaux, de rompre les rangs, et s'approche des élèves, espérant qu'on l'abordera.
Chacun semble l'éviter ; mais un groupe se forme
à l'écart. Dans ce groupe, on discute la question
de demander au prince le retour des camarades.
Le duc d'Orléans se doute de ce qui se passe, et
voyant qu'on continue à le fuir, il arrive près des
élèves en disant de la façon la plus aimable, avec
cette politesse exquise et gracieuse qu'il employait
avec tant de charme et de naturel : — Eh bien !
messieurs, vous ne voulez donc pas que nous
causions ? Ce n'est pas un prince qui vient vous
voir, c'est un camarade. A ces mots, un élève
s'approche et sollicite la grâce des renvoyés. —
Oh ! dit en souriant le jeune duc, je m'attendais à
votre demande, c'est une affaire faite ; j'ai même
trouvé l'un des vôtres à Versailles, M. d'Andigné,
et je l'ai ramené dans ma voiture, il va vous être
rendu. — Oh ! cette fois, pour le coup, la glace
est rompue, l'air retentit du cri général et enthou-
siaste de : Vive le duc d'Orléans ! Le prince té-
moigne alors au colonel son désir de voir le tir

à la cible et le tir au canon. — On dit que vous
abattez souvent le tonneau, messieurs, c'est bien
difficile ; moi, qui me vante d'être un peu artilleur,
je n'ai jamais pu réussir. — On vous montrera
cela, Monseigneur, dit une voix sortant du groupe.
On commençait à le traiter en camarade.

La seconde pause de la manœuvre fut courte,
le prince avait hâte de se rendre au tir. Une
petite cible très élevée au haut d'une perche et
ayant un point noir de la largeur d'une balle de
calibre était le but à atteindre pour le tir au fusil.
Les premiers coups portèrent dans la cible, le
vingtième perça le noir. — Déjà, dit le prince.
J'ai apporté une paire de pistolets pour le vainqueur. Colonel, le prix est gagné, voyons l'artillerie. Les élèves sont aussitôt envoyés à leurs
pièces, le prince pointe lui-même un obusier et
brise la cible. — Bravo, Monseigneur, lui crie-t-on
de toutes parts. Le duc était ravi. Il eût volontiers
embrassé le bataillon. Enfin on arrive au tir
de la bombe. Le prince se place derrière le mortier de droite. La bombe part et effleure la perche

Le triomphe du tonneau.

au bout de laquelle se balance le tonneau. —
Diable, fait le duc. Colonel, je pourrais bien avoir
un autre prix à donner. — C'est fort possible,
Monseigneur. — Je n'en ai apporté qu'un. — On
vous fera crédit, Monseigneur. Le second mortier,
pointé par un élève nommé Laffite, part, la bombe
s'élance dans les airs, décrit sa courbe élégante
et régulière, brise la perche et abat le tonneau.
— Oh! c'est trop fort, dit le prince enchanté,
allant serrer les deux mains au pointeur. Monsieur,
vous méritez le prix, je vous dois une arme,
vous la choisirez chez mon arquebusier. Allons,
colonel, le triomphe du tonneau! Aussitôt une
masse d'élèves se précipite dans le petit bois,
brise les branches, pendant qu'on apporte une
civière sur laquelle on place le tonneau; Laffite,
couronné de branches, le fusil en bandoulière
comme tous les élèves, se met à cheval sur ledit
tonneau; les servants de son mortier l'élèvent sur
le pavois, et le triomphateur rentre à l'École, précédé des tambours battant la charge, suivi du
prince, du colonel et de tout le bataillon faisant

5

éclater sa joie bruyante par mille cris. Il est à croire que le duc d'Orléans ne s'est pas souvent autant amusé dans sa vie princière que ce jour-là.

Après son déjeuner, le prince vint au réfectoire. On était à la fin du repas, on se lève. Le jeune prince prend un gobelet, se fait verser un verre de vin, et élevant la voix : Messieurs, dit-il, je porte un toast devant lequel toute pensée politique s'efface : A la gloire de toutes les armées françaises. Puis il se retire, ayant, par son amabilité et par son habileté, conquis l'affection de tous les futurs officiers des deux promotions de l'École.

Encore un épisode de la visite du duc d'Orléans à Saint-Cyr en 1834. Le prince avait accepté à déjeuner chez le colonel. Ce dernier avait convié à ce repas les officiers de son état-major et les principaux employés de l'établissement. Le couvert était splendide, mais on ne pouvait s'empêcher de remarquer au beau milieu de la table un surtout entouré de fleurs et de feuillage, et parfaitement vide.

Monseigneur, dit le colonel, en conduisant le

prince dans la salle à manger, je comptais offrir
à Votre Altesse de belles pêches de Montreuil,
primeur de mon jardin, et j'avais ordonné qu'on
les cueillît le plus tard possible ; mais on s'y est
pris trop tard, à ce qu'il paraît, car pendant que
nous étions occupés au polygone, des maraudeurs
adroits que je ne puis supposer être que des
élèves du bataillon, profitant de ce qu'on ne les
observait pas, ont fait la cueillette avant nous, en
sorte que vous voyez ce vide au centre de la table.
Si je parviens à les connaître...

— Oh ! mon cher colonel, s'empressa de dire
le prince, je désire que vous ne les recher-
chiez pas et surtout ne les punissiez pas. Amnis-
tie pleine et entière, dans ce jour si beau pour
moi. Nous déjeunerons parfaitement sans vos
belles pêches.

Maintenant veut-on savoir l'histoire des pêches
du colonel. Je suis plus que tout autre à même de
la raconter, et je le ferai quoi qu'elle ne soit pas
trop à mon honneur.

En passant pour aller du champ de Mars au

polygone, le matin de la visite du prince, j'avais
remarqué le délicieux velouté des belles pêches,
au nombre d'une trentaine, déjà mûres, embellis-
sant les espaliers du jardin du colonel. L'eau
m'en était venue à la bouche. Dès qu'on fut occupé au tir du fusil, voyant qu'adjudants et officiers ne prenaient plus garde à nous, je dis à un
de mes bons camarades, nommé de Labarre, mon
ami intime : — Tiens-tu à disputer le prix du tir ?
— Moi, non, pourquoi ? — Veux-tu me seconder ?
— A quoi ? — Écoute. J'ai vu tout à l'heure, en
passant, appendues aux espaliers du mur, les plus
belles pêches du monde, mûres à point. Veux-tu
m'aider à les croquer ? — Tiens, volontiers. Comment allons-nous faire ? — C'est bien simple.
Personne ne fait attention a nous. Ils en ont
bien pour une bonne heure au polygone, cou-
rons au dortoir, nous flanquerons dans nos
bahuts tous les effets qui sont dans nos sacs,
qu'on nous a fort heureusement laissés au dos,
et nous reviendrons aux espaliers avec nos sacs
vides. Comprends-tu ? — Parfaitement, mais

pour escalader le mur ? — Nous trouverons peut-
être une échelle ; mais s'il n'y en a pas, tu as de
larges épaules, je grimperai dessus et je te pas-
serai les pêches. — Parfait, parfait, parfait,
s'écria de Labarre, et aussitôt nous nous mettons
à l'œuvre ; succès complet.

Voilà comment le duc d'Orléans fut privé de
primeurs. Vingt ans après, déjeunant un jour au
camp de Boulogne (1854) chez le maréchal Baraguey d'Hilliers, alors de retour de Bomarsund et
commandant le camp, je lui confessai cette action
coupable, ce chapardage, comme disent les zou-
zous et les zéphirs. Il en rit et se souvint parfaitement de cette aventure, dont le prince et lui
avaient pris facilement leur parti.

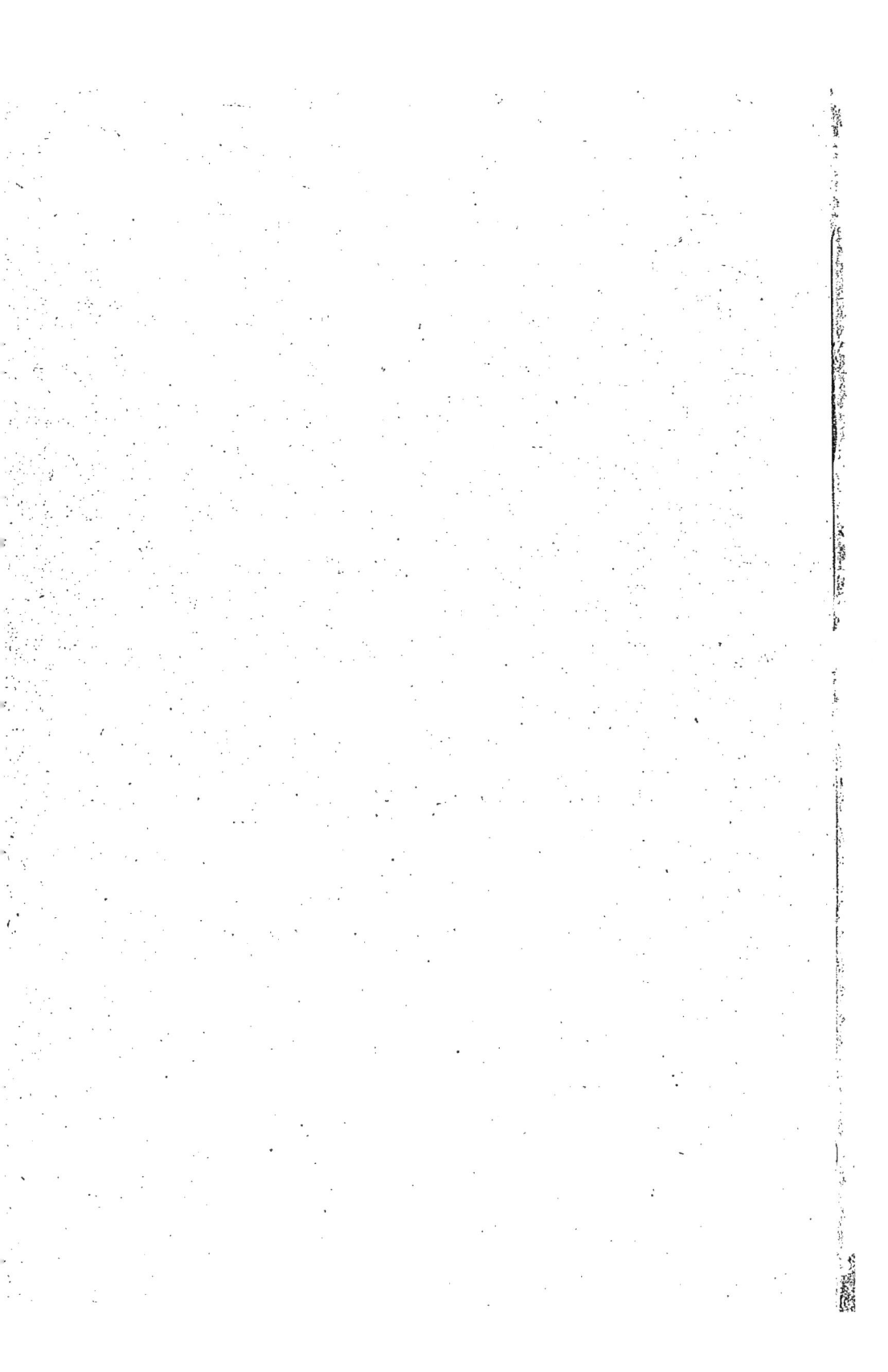

# VIII

LA CHANSON A SAINT-CYR — LA MUSE DE SAINT-CYR
LA CHANSON DE L'ANCIEN ET DU CONSCRIT.

Il n'existe pas en France une corporation, il n'existe pas dans l'armée un corps qui n'ait *sa* ou *ses* chansons. Saint-Cyr, naturellement, a toujours eu les siennes. De mon temps, on les avait réunies en un petit volume imprimé sous ce titre : *La muse de Saint-Cyr.* Le principal *factum* de ce recueil plus ou moins poétique, tout consacré à l'honneur de l'élève du Bahut, retraçait les phases de l'existence à l'École. Je me souviens encore de quelques refrains. Ceux-ci entre autres :

> Aller chez Toto,
> Gober un zéro.
> Et voilà la vie que les anciens font.

Toto était un répétiteur très sévère, *très chien*, parfaitement détesté, dont j'ai oublié le nom véritable, mais auquel on avait donné le surnom de Toto, à cause du bruit qu'il faisait en marchant, étant pied bot.

Ce couplet encore :

> Tous les samedis
> Astiquer ton fusil
> Pour passer la jambe sur la route aux cochons,
> V'là qu'est bon.
> Et voilà la vie, la vie, la vie,
> Et voilà la vie que les anciens font.

Et celui-ci :

> Au recrue jobard,
> Voler son cornard,
> Etc...

L'ancien seul, à la plus grande gloire duquel avaient été composées ces versifications primitives et grotesques, avait le droit de les chanter.

Voici la chanson de l'ancien, suivie de celle du conscrit ; toutes deux sur l'air de *Toto Carabo* :

## LA CHANSON DE L'ANCIEN

### I

On sait la différence
Qu'entre ancien et conscrit.
Le cielmit :
L'un garde le silence,
Tandis que folâtrant
Gentiment,
D'un air sémillant
L'ancien va disant :
En moi tout est bien ;
Tout hasarder,
Intimider
Et commander,
C'est le sort de l'ancien.

### II

Plongé dans l'ignorance,
De ses fautes rougit,
Le conscrit ;
L'ancien parle, agit, pense,
Et, brillant de savoir,
Sans y voir,
Partout court le soir
Pour certain devoir...

5.

Car pour lui tout est bien;
Tout hasarder,
Intimider
Et commander,
C'est le sort de l'ancien.


## III


Il manœuvre, il commande,
Il cueille le laurier d'officier ;
Il fait la contrebande,
Prend celle du conscrit,
Puis en rit,
Et gaîment lui dit :
J'avais appétit ;
Pour moi seul c'était bien;
Tout hasarder,
Intimider
Et commander,
C'est le sort de l'ancien.


## IV


Sur son front respectable,
Son shako est posté
De côté ;
Un toupet admirable,

Des favoris charmants
    Et luisants
D'huiles et d'onguent,
    Et des yeux brillants.
En lui tout est bien,
        Tout hasarder,
    Intimider
        Et commander,
C'est le sort de l'ancien.

### V

Il s'avance avec grâce,
Il marche, court, s'assçoit,
        Toujours droit.
Sa poitrine s'efface,
Et chacun l'admirant,
        Dit : vraiment !
L'ancien est charmant,
Et fort séduisant,
En lui seul tout est bien.
        Tout hasarder,
        Intimider
        Et commander,
C'est le sort de l'ancien.

## LE CONSCRIT

### I

Il est dans cette École,
Un bienheureux conscrit

Tout petit,
Qui de tout se console
Et ne doutant de rien,
Va son train,
Et dit : tout va bien,
Le bon Dieu me punit.
Tout endurer
Sans murmurer
Et sans jurer,
C'est le sort du conscrit ! ! !


## II

L'autre jour en goguette,
Il était à son rang,
Ricanant ;
Mais, au coup de baguette,
Un caporal le met
Au piquet.
Il dit : c'est bien fait,
Ma foi, c'est bien fait,
Le bon Dieu me punit.
Tout endurer
Sans murmurer
Et sans jurer,
C'est le sort du conscrit ! ! !


## III

Des vers dans la salade,
Des haricots bouillis

Et pas cuits,
Une soupe bien fade,
Voilà tout son régal
    C'est égal.
Il dit : c'est pas mal,
Ma foi, c'est pas mal,
Le bon Dieu me punit.
    Tout endurer
    Sans murmurer
    Et sans jurer,
C'est le sort du conscrit ! ! !


IV


Un jour au réfectoire,
Il était comme un loup
    Mangeant tout ;
Mais, oubliant de boire,
Un ancien son voisin
    Prend son vin.
Il dit : ça va bien,
Ma foi, ça va bien,
Le bon Dieu me punit.
    Tout endurer
    Sans murmurer
    Et sans jurer,
C'est le sort du conscrit ! ! !

## V

L'avenir le console,
Ce sera différent
Dans un an !
Ancien dans cette École,
Sergent, et cætera,
J'aurai là
Mon conscrit qui dira :
Mordieu, c'est bien ça,
Le bon Dieu me punit.
Tout endurer
Sans murmurer
Et sans jurer,
C'est le sort du conscrit !!!

De mon temps, fumer était sévèrement interdit, or, comme le fruit défendu, etc..., la pipe était cultivée et avait sa chanson.

### LA PIPE

## I

Le ciel est couvert de vapeurs,
Le vent d'une brume légère
Voile le séjour des douleurs,
Cachons nos ris dans son mystère.

Sans bruit du meilleur des cailloux,
L'acier fait jaillir l'étincelle ;
Allumez-vous, ô ma pipe fidèle,
    Allumez-vous !

### II.

Déjà je vois les noirs soucis
S'enfuir dans les flots de fumée ;
Près de moi, venez mes amis,
Sentez cette feuille embaumée ;
Dieu des fumeurs, veillez sur nous
Couvrez nos plaisirs de votre aile ;
Allumez-vous, ô ma pipe fidèle,
    Allumez-vous !

### III

Déjà comme le chien ardent
Qu'a trompé sa proie intrépide,
Je vois un cruel adjudant
Courir au loin d'un œil avide ;
Profitons d'un instant si doux,
Quand le butin ailleurs l'appelle ;
Allumez-vous, ô ma pipe fidèle,
    Allumez-vous !

### IV

Pourquoi vous éteindre soudain
Malgré l'effort de mon haleine,
Le tabac garnit votre sein,
Et l'air circule dans vos veines...

Un chef a passé près de nous,
Mais puisque rien ne nous décèle,
Allumez-vous, ô ma pipe fidèle,
     Allumez-vous !


## V


Vapeurs, volez, montez au ciel;
A vos parfums je ne préfère
Que ceux du salpêtre orageux,
Fils de la gloire et de la guerre :
En attendant qu'à son courroux,
J'élève une palme immortelle,
Allumez-vous, ô ma pipe fidèle,
     Allumez-vous !


## VI


Ciel ! L'argus revient sur ses pas...
Son regard cherche une victime...
Fumée, oh ! ne t'envole pas,
Ici, ta douceur est un crime,
Ton maître irait sous les verroux !
Mais déjà le tambour rappelle,
Éteignez-vous, ô ma pipe fidèle,
     Éteignez-vous !

# IX

LES GRADÉS — LES GRENADIERS — LES VOLTIGEURS —
LES SORTIES — « LES SAINTES GALETTES » — DÉPART
DU BAHUT ET RETOUR — LA LONGUE CAPOTE.

A mon époque, il y avait à l'École les gradés,
les élèves d'élite, grenadiers chez les *chameaux*,
voltigeurs chez les *graines*, puis les officiers galettes, ainsi nommés parce qu'ils avaient pour tout
ornement la contre-épaulette plate, autrement dit
galette. Les gradés et les hommes d'élite avaient
le droit de sortir le dimanche pour se rendre à
Paris ou à Versailles, lorsque les notes de la semaine avaient atteint pour eux un certain chiffre
ou coefficient. Un seul zéro, une punition, quelque
minime qu'elle fût, privait de sortie.

Cependant il y avait de loin en loin, en mémoire d'un fait marquant, de la visite d'un grand personnage, une sortie générale dite *sainte galette*. Rien de curieux alors comme le débouché des élèves, lorsqu'on ouvrait la porte du *Bahut*. C'était à qui se précipiterait sur les voitures-omnibus qu'un nommé Dambrune amenait de Versailles pour les mettre à notre disposition. Les saint-cyriens s'empilaient dans ces espèces de coches dont ils faisaient des véhicules roulants en caoutchouc. Ceux qui n'avaient pu arriver à temps pour trouver place à l'intérieur grimpaient sur l'impériale, d'autres se hissaient jusque sur le dos ou la croupe de la malheureuse bête chargée de les traîner, et qui souvent avait bien de la peine à démarrer. Les derniers prenaient leurs jambes à leur cou pour Versailles. Et l'arrivée aux gondoles de la ville du Roi-Soleil, en partance pour Paris!.. car alors il n'était question ni des chemins de fer, ni des tramways.

Le retour au Bahut n'était pas moins fantastique. C'était à qui chercherait à éviter les regards inquisitionnaires des *Bas* et à se dérober à leurs investigations pour introduire dans la place les objets de contrebande.

Je me rappelle encore qu'un beau soir, en revenant de Paris avec deux bouteilles de liqueur dans les deux poches de derrière de ma longue capote, que nous inaugurions le jour même et qui nous paraissait tout ce qu'il y avait de plus propice à la contrebande, je fus appréhendé par un adjudant. Il avait ordre, disait-il, de me conduire chez le colonel.

« Aïe, aïe, pensais-je ! Enfoncé, comment me débarrasser des bouteilles se balançant derrière moi ? Impossible, le *Bas* me suivait pas à pas, sans me perdre de l'œil. Enfin je monte l'escalier plus mort que vif et j'arrive en face du redoutable Baraguey d'Hilliers. Je l'entends déjà m'ordonnant de remettre mon fruit défendu et prescrivant à l'adjudant de me mener à la salle de police.

Je m'étais trompé, le colonel voulait me communiquer une lettre de mon père et ne pensait à rien autre chose. La communication terminée,

je me retire à reculons, la main à la visière du
shako; le colonel me souhaite le bonsoir, et je re-
joins mon lit avec mes deux bouteilles, en faisant
le plus beau ouf de la terre. Jamais liquide ne m'a
paru plus délicieux.

## X

Nous appelions dans chaque promotion l'*officier galette*, un élève habituellement assez paresseux, assez mauvais sujet, pilier de salle de police, n'ayant jamais eu les épaulettes, dont il se vantait de faire fi, et très souvent passant, par tolérance, comme fruit sec, une troisième année à l'École, parce qu'il n'avait pu subir d'une façon satisfaisante les examens de sortie.

De mon temps, l'officier galette était un charmant jeune homme, d'une grande famille militaire, ayant un beau nom, une grande fortune, et se souciant aussi peu des épaulettes de laine de Saint-Cyr que des épaulettes d'or de sous-lieutenant. Forcé par son père d'entrer à l'École, il ne pensait qu'à y écouler son temps le moins tristement possible et à s'y faire des amis. Sous ce dernier rapport, il avait parfaitement réussi, car il était fort aimé de nous tous, anciens et conscrits.

Une de ses grandes préoccupations était d'être admis à l'infirmerie près des bonnes sœurs.

Quoique jouissant d'une assez vigoureuse santé, il parvenait quelquefois à endosser la blanche houppelande de laine et le bonnet de coton à mèche des malades.

Un jour je me trouvais avec lui à l'infirmerie, il me prend dans l'embrasure d'une porte et me dit en confidence : Mon bon ami, je viens de découvrir le petit endroit où les sœurs mettent le vin fin. Il y a tout au bord de la planche une bouteille cachetée, avec bouchon tailladé, ficelée par un triple rang de fil de fer. Ce ne peut être que du vin de Champagne. Demain dimanche, lorsque les bonnes sœurs seront à vêpres, si vous voulez, nous le boirons ; vous vous placerez à califourchon sur mes épaules, vous n'êtes ni gros ni

La bouteille de vin de Champagne.

lourd, et nous ferons prisonnier l'ennemi, qui deviendra immédiatement notre ami.

Tout étant bien convenu entre les deux conspirateurs, le lendemain, pendant l'office, nous exécutons de point en point le programme arrêté la veille... Je donne à l'*officier* la bouteille sur laquelle se prélasse cette belle étiquette : *Champagne mousseux*, et nous nous hâtons de la décoiffer.

L'officier s'empresse d'en avaler un bon demi-verre, mais il s'arrête tout à coup et me donne la bouteille en me disant : Ça n'est pas bon. Je crois que ce vin est trop vieux et passé.

Je goûte à mon tour avec prudence. C'était de l'eau purgative de Sedlitz.

Voici ce qui avait eu lieu : Pendant que nous tramions notre complot nous n'avions pas aperçu (jeunes imprudents que nous étions), à côté de nous, près du lit d'un malade endormi, une bonne sœur qui avait entendu la conspiration et s'était empressée de prévenir la supérieure. On s'était borné, par son ordre, à changer l'étiquette de la

6

bouteille, et mon brave camarade, l'officier galette, purgé à fond, n'avait pas tardé à gagner le
petit local, à la plus grande joie des sœurs, riant
du tour qu'elles nous avaient joué.

« Mais vous êtes bien malade, monsieur de V...,
lui dit la sœur qui nous avait entendu et trahi. Il
faut envoyer chercher le médecin.

A la visite du soir, le docteur, prévenu, ayant
tâté le pouls de l'*officier*, lui dit avec un grand
sang-froid :

— Vous avez de la chance, monsieur de V...,
hier vous étiez dangereusement malade. Il s'est
produit dans votre état une crise si favorable que
je vous trouve parfaitement guéri. Ma sœur,
cet élève sortira ce soir.

*Morale* : Ne pas trop aimer le vin de Champagne.

### L'INFIRMERIE

Salut, ô toi, riante infirmerie,
Un paresseux vient encore te bénir...
Des paresseux ta retraite est chérie :
Ils garderont longtemps ton souvenir.

Pour me soustraire aux ennuis de l'étude,
A l'exercice, à mille autres fléaux,
Dans ton aimable et douce solitude
J'allais chercher un remède à mes maux.

En me livrant au repos qui me flatte,
Jusqu'à midi on me voyait dormir,
Et, par mes soins, le temple d'Hippocrate
Était pour moi le temple du plaisir.

Je m'étendais sur la plume légère ;
Plus de tambour pour troubler mon sommeil ;
Mais au matin la sœur hospitalière
Me souriait au moment du réveil.

Qui vous peindra l'heure de la visite,
Quand, près de nous, le docteur arrivait,
Entre ses draps chacun se fourrait vite
Et sur ses yeux enfonçait son bonnet.

Puis, d'une voix plaintive et chevrotante,
Saisi soudain d'une fièvre brûlante,
On n'avait pas dormi depuis minuit.
Tous les voisins admirant la rubrique,
L'imitaient tous en riant de bon cœur :
Mais de ses maux le récit pathétique
En imposait rarement au docteur.

Diète et repos, tel devint son système,
Soupe le soir et pruneaux à dîner...
Nous prîmes tous des faces de carême...
Pour nous guérir, il nous fit bien jeûner.

Mais fort souvent, éludant l'ordonnance,
Les malheureux que la diète affamait,

De leurs gardiens trompant la vigilance,
Allaient voler quelqu'aile de poulet...
Pour éprouver ce régime commode,
A l'hôpital affluait tout Saint-Cyr...
Et l'hôpital n'est plus fait pour guérir :
Chacun y va comme un vieux cénobite,
Pour y pleurer ses anciennes erreurs...
Tel, autrefois, un rat, nouvel ermite,
Dans un fromage enferma ses douleurs.
Lorsque les sœurs célébraient les matines,
On nous voyait descendre en tapinois,
Et tous ensemble, inondant les cuisines,
Du conquérant nous usurpions les droits.
Je tremble encore en songeant à nos crimes ;
Nos maraudeurs cernaient la basse-cour,
Puis dans leurs poches ils mettaient les victimes;
Et vers le soir, on les cuisait au four.
Riant séjour, retraite fortunée,
Comme le temps s'écoulait dans ton sein !
Trop tôt pour nous finissait la journée,
Les paresseux bénissaient leur destin...
Des saint-cyriens, oui, les races futures
Ne cesseront jamais de te bénir !
Des bonnes sœurs et de leurs confitures
Ils garderont longtemps le souvenir.

# XI

LA TOPOGRAPHIE — NOS PROFESSEURS — ANECDOTES —
GRAND-BOYAU — BURON — BROUTTA — LE BONNET
DE POLICE DE BRAYER.

Au commencement de l'été, la seconde année
du séjour à l'École, on menait les élèves au plan
armés de planchettes, d'alidades, de boussoles ;
ils sortaient pendant quelques jours le matin,
sous prétexte de lever des plans, dirigés par le
professeur de topographie. Le plan des saint-
cyriens était celui-ci : faire le meilleur déjeuner
possible et profiter des heures de liberté pour
s'amuser ; tous nous remplissions de notre mieux
et en conscience ce programme.

Notre professeur était alors un capitaine du
corps d'état-major, sortant des ingénieurs géographes, un savant plein d'esprit, fort original,

6.

d'une taille de près de six pieds, auquel nous avions donné le surnom de *Grand-Boyau !*...

Qui, dans l'armée, n'a pas connu et aimé Grand-Boyau ?

Nous devons lui rendre cette justice, qu'il faisait d'assez tristes topographes, bien qu'étant lui-même très instruit.

S'évertuant à nous inculquer des principes théoriques savants, sur la boussole, le quart de cercle et autres instruments utilisés pour le lever des plans, au lieu de nous fournir le moyen de mettre en pratique les leçons sur le terrain ; nous sortions du bahut aussi ignorants en topographie et peut-être plus qu'à notre entrée.

Les examens qu'il faisait subir aux élèves étaient des plus singuliers et souvent des plus amusants pour la galerie, pas toujours pour le patient. Il cherchait à reconnaître, la plupart du temps, par les réponses de l'élève interrogé, si ce dernier avait de l'esprit d'initiative, s'il était ce qu'un de nos généraux a appelé depuis un *débrouillard.*

Nous allons faire connaître deux des examens passés par lui et dont le souvenir nous est resté dans la mémoire.

Un jour, il dit à un élève : « Monsieur un tel, passez au tableau. Vous êtes en campagne devant l'ennemi, vous avez ordre de remettre au général qui vous a envoyé en reconnaissance un plan avec les teintes conventionnelles, bois, vignes, terres labourées, mais vous n'avez rien à votre disposirion, ni pinceau, ni couleur ; que faites-vous ?

L'élève, fort madré, et qui connaissait l'esprit original du professeur, réfléchit un moment, puis il dit :

« C'est bien simple. Pour représenter la teinte de bois, j'écrase quelques feuilles, et avec mon doigt pour pinceau, j'étends cette teinte sur la partie du plan où sont ces bois. Avec une goutte de sang tiré de mon bras, je teinte les vignes, et en mêlant un peu de sang à l'eau de ma salive, j'obtiens des jachères et des labourés. Pour les routes et les cours d'eau, je délaye un peu de cirage de ma chaussure, et avec un morceau de bois je trace chemins et ruisseaux. »

Grand-Boyau, émerveillé, embrasse l'élève et lui donne 20, la plus forte note, pour coefficient de son examen. « En voilà un, dit-il au colonel, qui certainement ne sera jamais embarrassé. »

Le colonel Baraguey aimait beaucoup notre professeur de topographie et lui passait volontiers toutes ses excentricités.

Un autre jour, Grand-Boyau fit venir au tableau un élève nommé de R..., galette, paresseux et ignare.

— Comme toujours, vous ne savez rien, n'est-ce pas ? lui dit-il.

— Qu'en savez-vous, puisque vous ne m'avez pas interrogé ?

Une question est posée à l'élève, qui reste court, *collé* à plat, comme nous disions.

— Quand je vous le disais ! Tenez, vous n'êtes bon à rien, vous n'êtes pas seulement f.... de me faire une fricassée de poulet.

— Oh ! que si !

— Oui ? Eh bien ! restez au tableau ; si vous me

faites une fricassée de poulet sans rien oublier, je vous donne 20.

M. R... entame alors sa fricassée avec le plus grand sang-froid du monde, au milieu des rires de l'assistance. Il s'en tire, ma foi, pas mal, et nous croyons qu'il va triompher, lorsque Grand-Boyau lui dit :

— Est-ce tout ?

— Oui.

— Eh bien! allez vous assoir; vous aurez zéro; vous avez oublié le plus important : le jaune d'œuf pour lier la sauce.

Nos professeurs étaient en général des hommes intelligents; mais faisant leurs cours par habitude, sans y mettre beaucoup d'ardeur et même de soin. L'un d'eux, professeur de géométrie descriptive, était toujours dans les espaces imaginaires.

Il avait naturellement pour lui, dans la chanson de l'ancien, un couplet se terminant ainsi :

Faisant choix d'un melon
Qui se perd dans l'espace,
Avec papa Buron,
V'là qu'est bon.
Et voilà la vie, etc., etc.

Un de nos professeurs, celui de littérature, se nommait Broutta. On appelait *faire* un *Broutta* écrire une page quelconque, et *brouttasseur* l'élève ayant la prétention d'être orateur, parce que le professeur Broutta parlait bien, longtemps, avec éloquence, et volontiers, comme un de nos généraux les plus en renom, qui est lui le plus éloquent *brouttasseur* militaire sorti du Bahut.

Lorsque nous entrions à la rude École de Saint-Cyr pour y passer deux des plus belles années de notre existence, nous songions déjà au jour fortuné où nous quitterions ce bienheureux Bahut. Une fois devenu ancien, notre impatience d'en sortir n'avait fait que s'accroître. Nous comptions les vingt-quatre heures qu'il nous faudrait encore y vivre. Beaucoup d'entre nous avaient un almanach sur lequel ils effaçaient, les uns après les autres, les jours écoulés. Un de mes cama-

rades, de Brayer, fils d'un général du premier
Empire, devenu général lui-même sous Napoléon III et mort au champ d'honneur en 1870,
s'était fait un almanach assez original.

Il avait à son bonnet de police deux glands :
l'un bien en vue, l'autre dissimulé dans le côté de
la coiffure. Ce dernier était composé d'un nombre
de brins égal à celui des jours qu'il avait à passer
à Saint-Cyr. Chaque matin, il coupait un de ces
brins, et se rendait compte ainsi du nombre de
jours et de nuits qu'il devait vivre encore au
Bahut.

A propos du bonnet de police, donnons ici la
chanson qu'inspira cette coiffure aujourd'hui dé-
funte :

### LE BONNET DE POLICE

#### I

O mon bonnet, ô ma seule coiffure,
D'un bonnet fin tu n'a plus le brillant ;
Deux brins de fil te servent de couture,
Un gland rapé fait ton seul ornement (*bis*).

Sur ton sujet qu'on n'aille point médire ;
Tant que du froid tu me garantiras,
Je chanterai ce refrain sur ma lyre :
Mon vieil ami, ne nous séparons pas.

## II

Quand tu parus dans notre république
Tu sus des sots exciter les clameurs ;
Mais sur mon front dédaignant la critique,
Tu restes ferme en dépit des censeurs (*bis*).
Sur la poussière en vain dans mainte presse
Les combattants te foulaient sous leurs pas.
Comme un soleil tu revenais sans cesse...
Mon vieil ami, etc...

## III

De maint accroc, de mainte déchirure
Ton maître, seul, fut le réparateur ;
Et de toi seul empruntant sa parure,
S'il parut beau, toi seul en fut l'auteur (*bis*).
Quand au parloir j'allais trouver ma mère,
Mes sœurs de loin, tendant leurs jolis bras,
A son bonnet reconnaissaient leur frère...
Mon vieil ami, etc...

## IV

Mais ce bonnet, si chaud, si vénérable,
Servit encore à bien d'autres emplois,
Et grâce à lui, je me rendis coupable
De maint délit prévenu par nos lois (*bis*).

Chargé souvent du présent d'une mère,
Mon vieux bonnet, par ses soins délicats,
De mes bonbons fut le dépositaire.
Mon vieil ami, etc...


V


Quelque avenir que le destin m'apprête,
Mon vieux bonnet sera de tous les temps...
Je le mettrai quelquefois sur ma tête,
Pour faire peur à mes petits enfants (*bis*).
Je vois ma femme, à mon aspect sévère,
Courir vers eux, les serrer dans ses bras.
Oh! quel tableau pour le cœur d'un bon père.
Mon vieil ami, etc...


V I


O mes enfants, loin du bruit de la terre,
Lorsque j'irai rejoindre mes aïeux,
Du vieux bonnet qui couvrait votre père
Prenez toujours un soin religieux... (*bis*).
Souvenez-vous, en versant quelques larmes,
Qu'au temps jadis, votre père ici-bas
A le chanter trouva souvent des charmes,
D'un vieil ami ne vous séparez pas.


Enfin, je terminerai mes souvenirs de Saint-Cyr
par la chanson intitulée :

7

## LE DÉPART DES OFFICIERS

### I

Oui demain
Au matin
S'ouvre la carrière,
Et la liberté
Succède à la captivité
Prends l'essor,
Presse encor
Ta marche légère,
Temps, pour nous faire sortir
Tu ne peux trop courir.
Adieu, triste solitude,
Où fréquemment j'ai baillé ;
Adieu, romantique étude,
Où parfois j'ai sommeillé ;
Adieu, vaste réfectoire,
Où l'on est toujours certain
De bien manger et boire
Lorsque l'on n'a pas faim.

### II

Adieu, salle de police,
Où je fus rôti, grillé ;
Piquet, ton cruel supplice
Ne me tiendra plus collé.

Hebdomadaire omelette,
Secs gigots, disparaissez.
L'éclat de l'épaulette
Vous a tous effarés.


### III

Mais toujours avec ivresse
Je me souviendrai de vous,
Contrebande enchanteresse,
Plans, ô passe-temps si doux.
Gaîment oubliant l'école,
Qu'avec plaisir j'ai quittée,
La chaîne et la boussole
Pour les flancs d'un pâté.


### IV

L'un va garder le monarque,
L'autre est fier d'être pinceau (1),
Pour Saumur l'autre s'embarque
Houzard ou dragon nouveau.
Si moins d'éclat environne
Le modeste fantassin,
A pied mieux que personne
Il fera son chemin !...

(1) *Pinceau*, surnom donné à l'officier d'état-major.

### V

En suivant notre carrière,
Mes amis n'oublions pas
Ceux dont la main tutélaire
Dirigea nos premiers pas.
Voulez-vous, chers camarades,
Payer leurs soins généreux ?
    Parvenons à leurs grades
    En les gagnant comme eux.

### VI

Deux ans l'on nous vit ensemble ;
Nous allons nous dire adieu ;
Mais un même esprit rassemble
Ceux que renferme ce lieu.
Qu'aux armes de la victoire
Charles (1) fixe un rendez-vous.
    Au chemin de la gloire
    Nous nous reverrons tous.

Je fais suivre mes souvenirs de Saint-Cyr et de
l'École d'état-major des notices historiques con-

---

(1) Cette chanson date du règne de Charles X.

sacrées aux élèves de ma promotion, dans l'une et l'autre École, qui ont atteint les premiers grades de l'armée ou qui sont morts au champ d'honneur.

La promotion entrée à Saint-Cyr en 1832 a donné à la France :

10 généraux de division ; 12 généraux de brigade, dont un passé intendant général ; 1 colonel qui, en retraite au moment de la guerre de 1870, a repris son épée et a commandé avec distinction une brigade au siège de Paris, M. de Camas ; 2 intendants divisionnaires. 10 ont été tués à l'ennemi.

*Généraux de division :*

D'infanterie : Le Poitevin de Lacroix, de Lartigue, de Brauer, Deligny, Guignard, Metman, Fauvart Bastoul.

De cavalerie : de Gondrecourt, de Pierre de Bernis.

De l'infanterie de marine : Reboul.

*Généraux de brigade :*

D'infanterie : de la Guigneraie, Maurice, Ferradou, Le Roy de Dais, Dubos, de La Bastide, Cler, Mongin.

De cavalerie : Du Paty de Clam.

De l'état-major : Galinier, Ferret, Waubert de Genlis.

Intendant général : Mongin.

Intendants : Croizet, Airolles.

Tués à l'ennemi : le lieutenant Guyon, de l'infanterie, en Afrique ; le commandant d'Anthès, chef de bataillon dans la garde impériale, à Sébastopol ; d'Arbois, chef de bataillon de zouaves, à Sébastopol ; de Cargouet, chef de bataillon d'infanterie, à Sébastopol ; Magnan, lieutenant-colonel d'état-major, à Sébastopol ; Laure, colonel de tirailleurs indigènes, à Solférino ; Paulze d'Ivoy, colonel du 1er de zouaves, à Melegnano ; de Maleville, colonel, du 55e de ligne, à Solférino ; le général Cler, de la garde impériale, à Magenta ; le colonel d'infanterie Supervielle, à Saint-Privat, 1870 ; le colonel d'état-major Béraud, au combat de Saint-Jean-sur-Èvre (armée de la Loire), 1870.

### Généraux de division :

LE POITEVIN DE LA CROIX-VAUBOIS (Louis-Joseph), né à Anvers (Belgique), de parents français, le 23 mars 1815, grand'croix de la Légion d'honneur, entré à Saint-Cyr le 18 novembre 1832, caporal à cette École le 20 septembre 1833, sergent le 17 novembre, sous-lieutenant le 20 avril 1835, au 63ᵉ de ligne, ayant obtenu un des premiers numéros de sa promotion ; fut admis le 1ᵉʳ janvier 1836 comme élève à l'École d'état-major. L'année suivante, M. de La Croix quitta l'École d'application pour rejoindre à Alger son régiment, le 63ᵉ de ligne, où il fut nommé lieutenant le 26 août 1837, ayant renoncé au service d'état-major.

Le jeune officier fit un premier séjour de dix-huit mois dans notre colonie, du 10 septembre 1837 au 22 juin 1839. Capitaine le 6 décembre 1840, au tour du choix; venu en garnison à Paris, il obtint de passer avec son grade au régiment de zouaves du colonel Cavaignac, à Alger, le 22 mai 1841. Embarqué pour notre colonie le 6 juillet, il y fit un second séjour de neuf années, de juillet 1841 à mars 1850. Pendant ce laps de temps il prit part à de nombreuses expéditions et reçut, le 14 juillet 1844, la croix de chevalier de la Légion d'honneur. Le 26 novembre 1849, à l'assaut de Zaatcha, il fut blessé d'une balle à la tête. Cité et promu chef de bataillon au 75e de ligne, le 16 janvier 1850, il rejoignit à Bordeaux son nouveau régiment, qu'il quitta pour prendre le commandement du 2e bataillon d'infanterie légère d'Afrique, où il fut nommé le 30 décembre 1852.

Embarqué pour l'Afrique, le 5 février 1853, pour la troisième fois, il vint prendre, dans la province d'Alger, le commandement de son bataillon, et fut fait lieutenant-colonel, le 10 octobre 1855, au 2e régiment de tirailleurs indigènes, qu'il rejoignit à Oran. Il avait été fait officier de la Légion d'honneur

le 15 octobre 1852. Colonel du 3ᵉ tirailleurs algériens, à Constantine, le 17 mars 1858, commandeur
le 15 août 1860, pendant qu'il était en expédition,
il fut cité à l'ordre de l'armée d'Afrique du mois
d'août pour sa belle conduite dans le combat
contre les Beni-Minoum.

Les services du colonel Le Poitevin de La Croix
dans notre colonie lui valurent les étoiles de général
de brigade, qui lui furent données le 20 décembre
1864. Laissé à la disposition du gouverneur général,
maréchal de Mac-Mahon, il reçut le commandement
de la 2ᵉ subdivision de la province de Constantine,
celle de Bone. Lors de l'expédition de la Kabylie
orientale, il fut mis à la tête de la 3ᵉ brigade
d'infanterie et obtint une citation à l'ordre de l'armée d'Afrique.

Le 27 décembre 1866, ce brave officier général ayant été appelé à Paris, pour commander la
2ᵉ brigade de la 2ᵉ division d'infanterie de la
garde impériale, s'embarqua le 8 février 1867
pour la France.

En 1870, M. le général de La Croix conduisit sa

7.

brigade d'élite à l'armée de Metz, combattit à sa tête aux grandes journées d'août, de septembre et d'octobre, autour de la place, prit part à la belle défense de cette place, et après la capitulation du 28 octobre il fut en captivité en Allemagne. A la bataille de Gravelotte, le 16 août, le général avait eu un cheval tué sous lui; le 27 octobre, veille de la capitulation de Metz, il avait été promu général de division.

De retour en France, le 30 avril 1871, à la signature de la paix, M. Le Poitevin de La Croix vint à Versailles et reçut du gouvernement la mission importante de se rendre à Cherbourg pour y organiser les régiments provisoires. Nommé divisionnaire le 20 avril 1871, pour prendre rang du 27 octobre 1870, il fut à Grenoble pour commander la 20ᵉ division territoriale, puis, le 22 juin 1871, il obtint le commandement de la province de Constantine.

A peine en possession de son nouveau commandement, le général se mit à la tête d'une colonne chargée d'opérer entre Milah, à l'est, et Sétif, au

sud-ouest, pour réprimer la révolte des Kabyles.
Le 15 août il livra un beau combat aux nombreux
contingents des dissidents cherchant à enlever un
convoi venant de Milah. Il les repoussa, les accula
au pied d'un rocher, par une habile manœuvre, et
leur tua beaucoup de monde.

Chargé d'une inspection générale en 1872 et 1873,
élevé à la dignité de grand-officier de la Légion
d'honneur, le 22 mars 1872, il quitta l'Algérie, le
7 novembre 1873, pour prendre en France, à Paris,
le commandement de la 21ᵉ division d'infanterie,
détachée du 11ᵉ corps d'armée. Le 3 février 1880,
la longue et belle carrière militaire du général Le
Poitevin de La Croix-Vaubois fut couronnée, par la
grand'croix de la Légion d'honneur. Atteint par la
limite d'âge, il fut admis à la pension de retraite
par décret présidentiel du 22 août 1880.

Cet officier général, qui avait été autorisé, le
12 juillet 1850, à joindre à son nom celui de Vaubois,
d'un général illustre, son parent, est grand'croix
de l'ordre pontifical de Grégoire le Grand, et décoré
de l'ordre du Nicham de Tunis.

Son existence, depuis sa sortie de Saint-Cyr, s'est écoulée en campagnes, principalement dans notre colonie d'Afrique. C'est toute une vie de soldat.

DE LARTIGUE (Marie-Hippolyte), né à Montesquieu-Volvestre (Haute-Garonne), le 17 avril 1815, grand-officier de la Légion d'honneur, entra à Saint-Cyr le 22 novembre 1832. Sous-lieutenant au 8ᵉ de ligne le 20 avril 1835, il rejoignit ce régiment à Phalsbourg, fut avec lui en garnison à Lyon, à Besançon, à Briançon, et y fut nommé lieutenant le 27 décembre 1840. En Corse, à Bastia, en 1843. Capitaine au tour du choix, le 2 mai 1845, étant à Perpignan, il fut embarqué le 27 septembre 1847 pour l'Algérie (province de Constantine), où il resta jusqu'au 28 octobre 1854. Souvent en expédition pendant son séjour dans notre colonie, le capitaine de Lartigue reçut, le 9 janvier 1850, la croix de chevalier de la Légion d'honneur.

Promu chef de bataillon le 8 août 1851, au 16ᵉ léger, alors dans la division de Constantine, il ne quitta pas la province, fit plusieurs autres expédi-

tions jusqu'en 1854, et fut nommé, le 15 septembre
1854, lieutenant-colonel au 23ᵉ léger, devenu le 98ᵉ
de ligne. M. de Lartigue, embarqué le 28 octobre
1854 pour l'armée d'Orient, quitta l'Algérie pour
se rendre devant Sébastopol à la 1ʳᵉ brigade (Beuret) de la 3ᵉ division (Pâté) du 1ᵉʳ corps (de Salles).

Cité à l'ordre de l'armée du 28 mai 1855, pour sa
brillante conduite aux combats de nuit des 23 et
24 mai, il reçut, le 14 septembre, après la prise de
la ville russe, la croix d'officier de la Légion d'honneur, et revint en France le 17 juin 1856, colonel
le 26 juin 1855, commandant le 28ᵉ de ligne, qu'il
ramena à Limoges, puis à Lorient. Il fut promu
général de brigade le 14 août 1860, resta quelques
semaines en disponibilité et fut pourvu, le 2 octobre,
au commandement de la subdivision de la Charente, à Angoulême. Le 16 mars de l'année suivante, il eut celui de la Haute-Savoie, à
Chambéry. En 1863, le général de Lartigue prit,
au camp de Châlons, le commandement de la
1ʳᵉ brigade de la 2ᵉ division d'infanterie. Pendant
son séjour au camp, il s'occupa avec fruit des

opérations si importantes du tir de l'infanterie, et
le 31 décembre, il fut nommé inspecteur per-
manent de ce tir, fonctions qui lui permirent de
rendre de grands services et le mirent en évidence.
Il fit au camp des conférences et forma des officiers
de tir qui répandirent cette importante instruction
dans leurs régiments. Commandeur le 30 décembre
1862, il conserva son emploi d'inspecteur général
du tir et ses inspections annuelles jusqu'à sa promotion au grade de divisionnaire, le 26 février 1870.
Le 1er mars, il fut placé au comité de son arme, et le
19 juillet, à la formation de l'armée du Rhin, il
reçut l'ordre de prendre le commandement de la
4e division du 1er corps (Mac-Mahon, puis Ducrot). Il mena sa division à Frœschwiller, à la retraite sur Châlons et à la bataille de Sedan, après
avoir été élevé, le 20 août 1870, à la dignité de
grand-officier de la Légion d'honneur. Le 1er septembre, à la journée de Sedan, le général de Lartigue fut blessé de deux éclats d'obus l'un à la
jambe, l'autre au bras gauche. Le même obus tua
son cheval sous lui.

En captivité en Allemagne jusqu'au 21 mars 1871, depuis le 2 septembre 1870, après la convention de ce jour, il reçut à sa rentrée en France le commandement de la 21° division militaire territoriale, à Limoges. Inspecteur général d'infanterie en 1872 et 1873, commandant en chef le 12° corps, le 14 octobre 1873, à Limoges, il eut à inspecter en 1874 et 1875 le Prytanée militaire de la Flèche et l'École spéciale militaire de Saint-Cyr.

En 1879, le général de Lartigue ayant demandé sa mise à la retraite, y fut admis par anticipation, par décret présidentiel du 24 mars 1880.

De Brauer (Joseph), né le 25 avril 1815, à Limbach (Prusse rhénane), de parents français, entra à Saint-Cyr le 20 novembre 1832, caporal à cette école le 29 septembre 1833, sergent le 17 novembre, il en sortit en 1834 pour rejoindre le 8° de ligne comme sous-lieutenant (le 20 avril 1835) à Phalsbourg. Lieutenant le 5 juillet 1840 au 9° bataillon de chasseurs à pied, dans la province d'Oran, capitaine le 23 mars 1845 au 8° ba-

taillon de la même arme, il y prit les fonctions d'adjudant-major. Il resta en Algérie du 17 avril 1843
au 9 mai 1850, fit un grand nombre d'expéditions
et reçut, le 30 avril 1849, pendant son séjour à
Oran, la croix de chevalier de la Légion d'honneur.

Rentré en France à la fin de 1849, il tint garnison à Grenoble et vint à Paris l'année suivante.
Promu commandant le 30 décembre 1852, il prit
le commandement de son bataillon de chasseurs,
fut nommé lieutenant-colonel au 76° de ligne au
fort de Noisy, le 24 février 1856, et fut à l'armée
de Lyon en 1857.

Colonel le 14 mai 1859, il prit, à Angers, le
commandement du 19° de ligne, fut nommé officier de la Légion d'honneur le 5 novembre de la
même année 1859, et embarqua avec son régiment
en 1862 pour la division d'Italie, à Rome. Il mena
son régiment à la bataille de Mentana, resta dans
la Péninsule jusqu'en 1865, revint en France, à
Bourges, après avoir reçu, le 26 décembre 1864,
la croix de commandeur, et occupa en 1865 et

1866 le camp de Châlons. Embarqué de nouveau pour Civita-Vecchia, à la division d'occupation d'Italie, le 3 novembre 1867, il en revint en mai 1868, à l'armée de Paris.

Le 10 août 1868, M. Brauer eut les épaulettes de général de brigade, et le 28 du même mois le commandement de la subdivision des Vosges, à Épinal. En 1869, il fut appelé au camp de Châlons, à la 1re brigade de la 1re division d'infanterie du camp. A la levée du camp, il eut le commandement de la subdivision de la Meurthe, à Nancy, où il se trouvait lors de la déclaration de guerre à la Prusse, le 15 juillet 1870. Le lendemain, 16 juillet, il reçut le commandement de la 1re brigade de la 4e division (Decaen) du 3e corps (Bazaine) de l'armée du Rhin, brigade qu'il mena aux grandes batailles d'août et de septembre autour de Metz, à Borny, à Gravelotte, à Saint-Privat. En captivité en Allemagne après la capitulation du 28 octobre, rentré le 29 mars 1871, il revint assez à temps pour mettre son épée au service de l'ordre et pour prendre à l'armée de Ver-

sailles, levée contre la Commune, le commandement de la 1ʳᵉ brigade de la 2ᵉ division d'infanterie (Garnier) du 4ᵉ corps (Clinchant), où il fut
nommé le 13 avril 1871. Après le second siège de
Paris, il eut les épaulettes de divisionnaire, le
26 décembre 1872, et fut chargé d'une inspection
générale d'infanterie. Le 26 mai 1871, cet officier
avait reçu une forte contusion, produite par la
balle d'un insurgé, à la région du cœur.

Commandant la 6ᵉ division d'infanterie au
3ᵉ corps en 1873, division détachée à Paris, il
continua ses opérations d'inspections générales
jusqu'en 1879, et fut élevé, le 13 janvier 1879, à la
dignité de grand-officier de la Légion d'honneur.
Par décret présidentiel en date du 7 mai 1880,
M. Brauer fut admis, sur sa demande, à la pension de retraite. Il est commandeur de l'ordre
pontifical de Saint-Grégoire-le-Grand et médaillé
de Mentana.

DELIGNY (Édouard-Jean-Étienne), général de
division d'infanterie, grand-croix de la Légion

d'honneur, né à Ballan (Indre-et-Loire), le 12 décembre 1815, fit ses études à l'École royale militaire de la Flèche, où il fut admis en 1827 et dont il sortit en 1832, pour entrer, le 20 novembre, à l'École spéciale militaire de Saint-Cyr. Sous-lieutenant du 20 avril 1835, au 13° léger, embarqué avec ce régiment le 3 mai 1840 pour l'Afrique, il ne quitta plus notre colonie jusqu'en mai 1859. Lieutenant le 27 décembre 1840, il se trouva à un grand nombre d'expéditions, dont celle du Maroc de 1844, terminée par la bataille de l'Isly, où il se distingua. Capitaine le 19 octobre, après cette glorieuse journée, il obtint, le 12 mai 1848, de passer avec son grade au bataillon de tirailleurs d'Oran. Il avait reçu la croix de la Légion d'honneur le 3 octobre 1842.

Chef de bataillon le 12 septembre 1848, d'abord au 36° de ligne, puis au 12°, le 12 avril 1849, il sollicita et obtint, pour ne pas quitter l'Algérie, de prendre au 7° léger, le 1er décembre 1851, le commandement d'un bataillon.

Officier de la Légion d'honneur le 28 juillet

1849, il fut promu lieutenant-colonel le 10 mai 1852, au 75ᵉ de ligne, ne resta dans ce grade que quelques mois, et fut nommé, le 30 décembre de la même année, colonel du 60ᵉ de ligne, régiment dont il prit le commandement à Alger.

En 1854, le colonel Deligny mena le 60ᵉ de ligne à la première expédition de la Grande Kabylie et dans le Djurjura. Il fut blessé d'un coup de feu à la tête le 20 juin, fut cité le 13 août à l'ordre de l'armée d'Afrique, et reçut le 29 juillet, comme récompense de ses brillants services, la croix de commandeur de la Légion d'honneur.

Officier de guerre d'une vigueur et d'une intelligence reconnues et appréciées, M. Deligny fut nommé général de brigade le 31 juillet 1855, et laissé en Algérie, à la disposition du gouverneur général. En 1857, il fit la seconde expédition de la Grande Kabylie, du maréchal Randon. Le 11 juillet, au combat livré aux Illiten, cet officier général menant sa brigade à l'ennemi, fut grièvement blessé d'une balle à l'épaule droite; mis à l'ordre du corps expéditionnaire, il resta en Al-

gérie jusqu'au 30 avril 1859. Il revint alors en
France, après un séjour de dix-neuf années dans
notre colonie, pour prendre, à Metz, le commandement d'une brigade d'infanterie, brigade qui,
le 20 mai, devint la 1$^{re}$ de la 2$^e$ division de l'armée d'observation pendant la campagne d'Italie,
et fut dissoute le 20 septembre, après la convention de Villafranca.

Nommé alors au commandement de la subdivision du Loiret, à Orléans, le général Deligny ne
prit pas ce commandement, ayant obtenu de retourner en Algérie. Mis à la disposition du commandant en chef des forces de terre et de mer de
notre colonie, le 1$^{er}$ octobre 1859, il commanda la
province d'Oran, et fut élevé à la dignité de grand-
officier.

Deux mois plus tard, le 11 décembre 1859, le
brave général était promu divisionnaire et investi
des fonctions d'inspecteur général. Il fut envoyé,
en 1869, au camp de Châlons, pour y commander
la première division d'infanterie. Le 15 juillet, on
l'appela au commandement de la première divi-

sion d'infanterie de la garde impériale. Grand-croix de la Légion d'honneur le 7 juin 1865, il mena sa division d'élite, en 1870, à l'armée de Metz, combattit à sa tête aux grandes journées d'août, de septembre, d'octobre, contribua à la belle défense de la place, et fut en captivité en Allemagne après la capitulation du 28 octobre.

Pendant son séjour à l'étranger, il rassembla ses souvenirs et occupa ses loisirs à rédiger un petit volume historique des plus curieux et des plus véridiques sur le siège de Metz. De retour en France à la signature de la paix, le général, un instant disponible, fut nommé, le 5 octobre 1872, membre du conseil supérieur de guerre, puis, le 28 septembre de l'année suivante (1873), commandant en chef le 4ᵉ corps, au Mans. En 1878, il dirigea les grandes manœuvres avec une habileté remarquable. Mis en disponibilité le 11 février 1879, par le ministre Farre, qui voulait sans doute le punir d'avoir commandé des troupes de la garde impériale, il fut ensuite chargé d'inspecter les 8ᵉ, 10ᵉ et 12ᵉ corps d'armée, en 1880, puis il eut mission d'assister, en septembre, aux opérations du 1ᵉʳ corps, dans le Nord.

Atteint par la limite d'âge, le général Deligny, mis au cadre de réserve le 13 décembre 1880, prit sa retraite le 15 octobre 1881, après 32 années de services effectifs et sans interruption, 25 campagnes, 2 blessures et 2 citations. Il est grand'croix de l'Épée de Suède et décoré d'un grand nombre d'ordres étrangers.

Le général s'est retiré dans son pays natal, à la Goupillière, en Touraine. C'est un des plus plus brillants et des plus vigoureux officiers généraux sortis des Écoles de la Flèche et de Saint-Cyr.

GUIGNARD (Louis-Eugène), général de division d'infanterie, commandeur de la Légion d'honneur, né à Jaulnay (Vienne), le 12 septembre 1814, entré à Saint-Cyr le 5 décembre 1832, à l'âge de 18 ans ; sous-lieutenant le 20 avril 1835 au 31ᵉ de ligne, lieutenant le 20 décembre 1839, embarqua avec son régiment pour l'Algérie le 10 juin 1840, fit dans notre colonie plusieurs expéditions, et fut nommé, le 8 juillet 1842, capitaine au tour du choix. Le 27 juillet 1844, il prit à son régiment les fonctions d'adjudant-major, se distingua dans l'expédition contre Ben-Salem, fut cité au rapport du général Gentil pour sa vigoureuse conduite à l'attaque du camp ennemi, le 7 février, et décoré pour fait de guerre, le 15 avril.

Chef de bataillon au 5e de ligne, le 19 juin 1850, étant de retour en France depuis le 28 mars 1848, après huit années de séjour dans notre colonie, il partit pour l'Orient, le 21 juin 1854, avec son nouveau régiment, devenu le 89e de ligne, se trouva aux batailles de Crimée, au siège de Sébastopol, reçut la croix d'officier le 28 décembre 1854, après Inkermann, et se distingua d'une façon toute particulière aux combats de nuit des 23 et 24 mai 1855, aux attaques des embuscades russes. Cité à l'ordre du 28 mai, étant lieutenant-colonel du 14 mars 1855 au 14e de ligne, à l'armée d'Orient, promu, le 26 juin, colonel du 19e de ligne, toujours devant Sébastopol, il ramena en France le régiment dont il avait pris le commandement, et quitta la Crimée le 13 juin 1856.

Le 14 mars 1859, M. Guignard fut nommé colonel du régiment des zouaves de la garde impériale, à la brigade Cler. Le 28 avril, il partit pour l'Italie, combattit à la tête de son régiment d'élite à Magenta, où son général de brigade, le brave Cler, fut tué. Commandeur de la Légion d'honneur après cette bataille, le 17 juin 1859, le colonel Guignard ramena son régiment à Paris après Solférino et Villafranca, défila à sa tête, à la rentrée des troupes, et fut promu général de brigade, le 7 janvier 1860.

Il embarqua le 21 janvier pour l'Algérie, mis à la disposition du gouverneur général commandant le 7e corps, qui lui donna la subdivision de Mascara, le 1er février. Le 28 août 1861, le général Guignard revint en France et prit le commandement de la subdivision de la Charente, à Angoulême. Appelé à Paris le 13 avril 1864, il fut mis à la tête de la 2e brigade de la 1er division d'infanterie du 1er corps d'armée, puis, le 16 août 1867,

8

envoyé à Blois, subdivision de Loir-et-Cher.

Promu général de division le 26 février 1870, quelques mois avant la déclaration de guerre à la Prusse, M. Guignard passa sur sa demande, au cadre de réserve, par anticipation; il obtint sa retraite le 13 novembre 1880.

METMAN (Jean-Louis), général de division d'infanterie, commandeur de la Légion d'honneur, né à Paris, le 18 mai 1814, entra à l'École spéciale militaire de Saint-Cyr, le 18 novembre 1832, à l'âge de 18 ans; sous-lieutenant le 20 avril 1835 au 21ᵉ de ligne, lieutenant le 27 décembre 1840, capitaine au tour du choix, le 10 novembre 1843, il prit à son régiment les fonctions d'adjudant-major, et fut promu chef de bataillon au 48ᵉ de ligne, le 10 juillet 1848. Se trouvant aux émeutes de Paris, le 25 juin, il avait été blessé d'un coup de feu à la main gauche, à l'attaque du clos Saint-Lazare. Décoré le 26 décembre 1852, il partit en 1854 du camp du Nord, embarqué avec son bataillon pour l'expédition de la Baltique. Lieutenant-

colonel au 73° de ligne, le 9 décembre 1854, il
rejoignit son nouveau régiment devant Sébastopol,
à la brigade de Cler, de la division d'infanterie
Herbillon, du corps de réserve Regnaud de Saint-
Jean-d'Angély. Le 16 août 1855, il combattit à
Tractir, où son régiment se trouvait au centre de
la ligne de bataille. A la suite de cette glorieuse
journée, M. Metman reçut la croix d'officier de la
Légion d'honneur, par arrêté du général en chef,
en date du 22 août. Le jour de l'attaque générale, le 8 septembre, le 73° couronna la position
de la Tchernaïa, avec les autres troupes de la
division Herbillon, et le 22 du même mois, son
lieutenant-colonel fut promu colonel du 35° de
ligne.

De retour en France, M. Metman tint garnison
à Bayonne, en 1856, après le défilé des troupes à
Paris. L'année suivante (1857), il fut appelé dans
la garde impériale, et prit le commandement du
3° de grenadiers à la 2° brigade (de Wimpffen) de
la division de Mellinet. Il fit la campagne de
1859, en Italie, contre l'Autriche, combattit à

Magenta, le 4 juin, et eut la gloire non seulement
d'enlever à la tête de son beau régiment le pont et
les ouvrages de Ponti de Magenta, sur le Navi-
glio Grande, mais de conserver sa position et de
l'y maintenir malgré les retours offensifs vigoureux de l'ennemi. Ce brillant fait d'armes coûta
au régiment un tiers de son effectif mis hors de
combat, et valut à son colonel la croix de commandeur, qu'il reçut le 17 juin. Général de brigade
le 14 août 1860, M. Metman eut d'abord le commandement de la subdivision du Pas-de-Calais, à
Arras, puis en 1864 celui de la 1re brigade de la
2º division (Uhrich) de l'armée de Paris.

En 1869, après la dissolution de la division
Uhrich, le général Metman fut envoyé à la subdivision de l'Oise, à Beauvais. Général de division le 14 juillet 1870, veille du jour de la déclaration de guerre à la Prusse, il reçut l'ordre
de prendre le commandement de la 3º division
du 3º corps d'armée (Bazaine), à la première
armée du Rhin. Il se trouva donc aux premiers
engagements. Le 5 août, placé non loin du

2ᵉ corps (Frossard), le général Metman s'attendait
à chaque instant à être appelé sur le champ de
bataille de Spickeren pour renforcer le 2ᵉ corps.
Il n'en fut rien, son concours fut maladroitement
refusé. Les 14, 16, 18 août, la division Metman,
engagée vigoureusement à Borny, à Gravelotte, à
Saint-Privat, combattit bravement, perdit beaucoup de monde, et rentra à Metz pour contri-
buer à la défense de cette place.

En captivité en Allemagne, après la convention du 28 octobre, il revint en France, à la paix,
après le retour des troupes à Paris, prit le commandement de la 1ʳᵉ division du 3ᵉ corps de
l'armée de Versailles, qu'il inspecta en 1873, puis
le commandement de la 17ᵉ division au 9ᵉ corps,
à Paris.

Atteint par la limite d'âge et passé au cadre
de réserve, le 1ᵉʳ mai 1879, cet officier général
a été admis à la retraite, sur sa demande, par
décret présidentiel, en date du 21 mai 1879. Il
est décoré des médailles de la Baltique, de la Crimée et d'Italie.

8.

REBOUL (François), général de division de l'infanterie de marine, grand-officier de la Légion d'honneur, né à Fort-Royal (Martinique), le 22 janvier 1815, entra à l'École spéciale de Saint-Cyr, le 19 novembre 1832, à l'âge de 18 ans, à la suite de bons examens. Sous-lieutenant au 18e léger, le 20 avril 1835, lieutenant le 20 novembre 1840, il obtint, le 6 décembre, de passer avec son grade au 2e d'infanterie de marine, arme dans laquelle il devait parcourir, à la suite de nombreuses campagnes, une brillante carrière.

Embarqué le 26 mars 1841, à Brest, sur la *Bonite*, pour la Martinique, où il arriva le 3 mai, il resta dans son pays natal jusqu'au 20 février 1848. Capitaine au tour du choix, le 22 octobre 1843, il prit à son régiment les fonctions d'adjudant-major, fonctions qu'il quitta le 10 octobre 1848, pour passer dans l'état-major de l'arme et devenir officier d'ordonnance du gouverneur de la Guadeloupe. Le 1er avril 1848, il débarqua de la *Proserpine* à Rochefort, et le 17 novembre, monté sur ce bâtiment, il revint à la

Guadeloupe, où il arriva le 29 janvier 1849. Trois mois après, le 29 avril, il rentra au 2ᵉ de marine, mais pour peu de temps, ayant été pris de nouveau comme officier d'ordonnance par le gouverneur de la Guadeloupe, il fit, de 1848 à 1851, les fonctions de chef d'état-major du gouvernement de la Guadeloupe, colonel Fréron, et fut établi sur les cadres de l'état-major le 20 novembre 1849.

Le capitaine Reboul fit la traversée de la Guadeloupe à Bordeaux sur le *Brandon*, du 17 mars au 3 juillet 1849. Le 12 décembre, embarqué pour la troisième fois sur la *Proserpine*, il vint, le 28 janvier 1850, de Brest à la Guadeloupe, puis à Mogador. Revenu en France, à Rochefort, le 7 octobre 1851, sur l'*Asmodée*, il devint, le 12 décembre 1852, aide de camp du général de Fitte de Soucy, inspecteur de l'infanterie de marine. Il accompagna cet officier général dans sa tournée au Sénégal d'où il se rendit de Marseille, à bord de la *Chimère*, lui fut fort utile pour ses travaux d'inspection, et reçut, le 14 août 1852, la croix de chevalier de la Légion d'honneur. Pendant l'année

1853, M. Reboul parcourut le Sénégal, Cayenne, la Martinique, la Guadeloupe, sur la *Chimère* et la *Fortune*. Le 17 juillet, il débarqua du packet anglais, au Havre, d'où il partit le 17 janvier 1855 pour Cayenne.

Promu chef de bataillon au tour du choix, le 20 octobre de cette année 1855, à son ancien régiment, le 2ᵉ de marine, il vint, après de nombreuses expéditions, à Marseille sur l'*Indus*, le 27 octobre, et le 4 novembre débarqua au Pirée, où il prit le commandement du bataillon d'apprentis fusiliers, au corps d'occupation en Grèce, chargé d'organiser les bataillons d'apprentis fusiliers.

Lieutenant-colonel le 28 août 1858, envoyé au 3ᵉ de marine, le 12 janvier 1860, il embarqua à Toulon, le 24 octobre 1861, sur le *Descartes*, pour la Cochinchine, et arriva à Saïgon le 11 décembre. Il fit la campagne avec son régiment, fut blessé d'un biscaïen au pied, en mars 1862, à la prise de Vinh-Song, et revint à Marseille, le 6 juillet 1863, sur le *Grenada*. Cet officier supérieur avait été

nommé officier de la Légion d'honneur, le
10 août 1861. En 1863, il devint chef d'état-major
général du gouverneur de la Cochinchine, commandant en chef ce pays, à Bang-Hoc, et le rem-
plaça pour remettre la grand-croix au roi de
Siam.

Colonel le 25 juin 1862, il prit, le 1er septembre 1863, le commandement du 4e d'infanterie de
marine, qu'il quitta le 14 août 1866, pour entrer
dans l'état-major de l'arme, chargé de l'important
commandement des troupes en Cochinchine. Commandeur le 30 décembre 1864, revenu à Toulon
sur la *Sarthe*, le 1er avril 1868, ayant été promu,
le 16 octobre 1867, général de brigade, il arriva à
Toulon le 1er avril 1868, à bord de la *Sarthe*, et
du 8 novembre 1868 au 26 mars 1869, il fit une
ournée d'inspection en Guyane et dans les Antilles.

En juillet 1870, le général Reboul, lors de la
formation du 12e corps d'armée à Châlons, pour
la guerre contre la Prusse, reçut le commandement de la 1re brigade de la belle division d'infan-

terie de marine (Vassoignes) du 12e corps (Lebrun)
qui se montra si héroïque le 1er septembre à
Sedan. A la tête des 1er et 2e régiments, il tira les
derniers coups de fusil à Bazeilles, où sa brigade
excita l'admiration de l'ennemi.

En captivité en Allemagne, à la suite de la convention du 2 septembre, le général revint en
France à la signature de la paix, le 8 mars 1871.
Il fut promu divisionnaire le 10 juin de la même
année, à la rentrée des troupes à Paris. Le décret
qui le promut porte : S'est distingué à Bazeilles.
En effet, ce fut lui qui tenta la dernière trouée sur
Carignan. Chargé, en 1872 et 1873, d'une tournée
d'inspection générale aux Antilles, puis d'une
autre dans la Nouvelle-Calédonie en 1873 et 1874,
enfin d'une troisième du 12 septembre 1875 au
20 janvier 1876 en Cochinchine, M. le général
Reboul a vu sa longue et belle carrière militaire
couronnée, le 5 décembre 1875, par la dignité de
grand-officier de la Légion d'honneur.

Placé au cadre de réserve, le 7 décembre 1876,
par anticipation et sur sa demande, il a été admis,

le 21 novembre 1879, à faire valoir ses droits à la retraite.

Le général Reboul est un des officiers qui ont inscrit sur leurs états de services le plus de campagnes hors d'Europe. Il est décoré de plusieurs ordres étrangers

De Gondrecourt (Henri-Ange-Aristide), général de division de cavalerie, commandeur de la Légion d'honneur, né à Quartier-du-Moule (Guadeloupe), le 22 mars 1815, fut admis à Saint-Cyr le 21 novembre 1832, et fut promu, le 20 avril 1835, sous-lieutenant au 47e de ligne. Ayant obtenu de permuter pour entrer dans la cavalerie, il fut envoyé, le 27 avril 1838, aux spahis réguliers d'Oran, au titre indigène. Lieutenant au 12e de chasseurs à cheval, alors en Algérie, le 5 novembre 1839, il fit campagne dans notre colonie de 1835 à 1858 presque sans interruption.

Cité à l'ordre de l'armée d'Afrique du 14 mai 1836, pour sa belle conduite au combat de Sidi-Yacoub, il fut promu capitaine adjudant-major le 3 juil-

let 1843, et prit, le 10 avril 1847, le commandement
d'un escadron à son régiment.

Chef d'escadron au 3° de cuirassiers, le 3 janvier 1851, il quitta l'Algérie, reçut la croix de chevalier de la Légion d'honneur le 20 septembre 1852
et les épaulettes de lieutenant-colonel le 23 juin 1855.
Il rejoignit alors le 4° de chasseurs d'Afrique. Souvent en expédition avec ce régiment, passé au 1er
de même arme, à Alger, le 8 avril 1856, il fut promu,
le 14 mars 1859, colonel du 6° de chasseurs de
France. Officier de la Légion d'honneur le 13 mars
1861, M. de Gondrecourt, jeune et brillant colonel
de cavalerie légère, fut appelé dans la garde impériale, et reçut, le 3 avril 1862, le commandement du
beau régiment de chasseurs à cheval de ce corps
d'élite, régiment monté avec des chevaux d'Afrique
et qu'on eut occasion d'admirer en mainte occasion.

Commandeur le 12 août 1865, général de brigade le 21 décembre 1866, il fut mis à la tête de
l'École spéciale militaire de Saint-Cyr, école à laquelle il ne tarda pas à imprimer la plus heureuse

impulsion. Adoré des jeunes gens confiés à ses soins, il sut parler à leur cœur et obtint d'eux ce que jamais chef n'avait osé entrevoir, l'abolition de la sotte vexation appelée brimade, exercée par les élèves de seconde année, ou anciens, sur ceux nouvellement admis, ou recrues. C'est encore lui qui a introduit à Saint-Cyr l'usage du carrousel. L'abolition des brimades fut un grand bienfait pour l'École. Le général, officier de cavalerie de mérite, instruit, brillant écuyer, fit faire un pas immense à l'étude équestre. Saint-Cyr fut bientôt à même de donner des carrousels non moins remarquables que ceux de l'École de cavalerie de Saumur. Le passage du général de Gondrecourt dans ce bel établissement porta donc des fruits dont il se ressentira encore longtemps.

Lorsque la guerre fut déclarée à la Prusse, en 1870, le général sollicita un commandement. Le 16 juillet, il reçut l'ordre de prendre celui de la 2e brigade de la division de cavalerie Le Grand du 4e corps (de Ladmirault). Il fit la campagne à la tête des 3e et 11e de dragons, à l'armée de Metz,

9

se trouva aux batailles des 14, 16 et 18 août, et fut cité à l'ordre du 4e corps, en date du 25 août, *pour l'audace, l'habileté de ses dispositions* à ces trois grandes journées.

En captivité en Allemagne du 29 octobre 1870 au 16 mars 1871, il eut, à sa rentrée en France, le commandement de la subdivision de Lot-et-Garonne, à Agen. Général de division le 26 décembre 1872, un instant disponible, il fut, en 1873, chargé de l'inspection générale du 7e arrondissement de cavalerie; en 1874, de celle du 8e arrondissement. Disponible en 1875, inspecteur en 1876, ce brillant officier général est mort le 11 novembre 1876 au château de Reyniès, près Montauban, en revenant de son inspection générale.

M. de Gondrecourt, outre qu'il a marqué comme officier de cavalerie légère, était un auteur d'un grand mérite, il a doté la littérature militaire d'un grand nombre de romans humoristiques pleins de verve et de plusieurs brochures ayant une certaine valeur. Déjà, étant élève de Saint-Cyr, il exerçait sa plume et composait de fort jolies nouvelles militaires.

De Pierre de Bernis (François-Julien-Raymond, vicomte), général de division de cavalerie, grand-officier de la Légion d'honneur, né à Nîmes le 7 octobre 1814, élève de Saint-Cyr le 13 novembre 1832 ; sous-lieutenant le 20 avril 1835, officier-élève à l'École de cavalerie de Saumur, est le véritable type de l'officier de cavalerie légère, arme dans laquelle il a presque toujours servi et qu'il a commandée avec succès. Il a une grande distinction de manières, une taille des plus élégantes et une charmante figure. Il sortit de Saumur pour entrer au 12º de chasseurs à cheval, où il fut promu lieutenant le 20 février 1840, et qu'il quitta à la formation des trois nouveaux régiments de hussards, envoyé au 7º de cette arme capitaine le 22 mars 1843, au tour du choix, il se trouvait à Mirande en 1851, lors des troubles dont cette petite ville fut le théâtre. Par son intelligence et sa vigueur, le jeune capitaine contribua au rétablissement de l'ordre, à la tête de son escadron, et fut cité pour ce fait. Chef d'escadron au 6e de lanciers, le 4 juin 1852, régiment alors à Chartres, désireux de faire campagne, il obtint de passer, en 1853, au 3e de chasseurs d'Afrique, à Constantine.

Chargé par le général de Mac-Mahon, commandant la province de Constantine, de diriger une colonne destinée à maintenir dans le devoir, pendant l'expédition de la Kabylie, les tribus du Sud, il s'acquitta de sa difficile mission avec beaucoup de succès, livra, le 24 juin 1854, un beau combat à une fraction importante de la puissante tribu des Nemenchas, dans le défilé de Lambec, près de Tebessa, et ce combat eut pour résultat de rétablir le calme et la sécurité dans cette contrée. Cette affaire, qui valut une citation au commandant de Bernis et la croix de chevalier de la Légion d'honneur, est rappelé au palais de Constantine par un trophée composé avec les armes enlevées aux Arabes.

Cet officier supérieur fit encore, à la fin de 1854,

l'expédition de Tongourt et du Souf. Il quitta
l'Algérie, embarqué pour l'armée d'Orient, et prit
part, à la tête de ses escadrons, à la guerre de
Crimée et au siège de Sébastopol. Le 4 août 1855,
il fut promu lieutenant-colonel au 6ᵉ de dragons,
alors devant la place russe, et, après l'attaque générale du 8 septembre, il fut à Eupatoria avec les
troupes du général d'Allonville, prit part aux combats livrés par cet officier général, et fut laissé à
Eupatoria avec les fonctions de commandant militaire, de gouverneur civil, de consul de cette place,
occupée par vingt mille Tartares réfugiés, par une
brigade anglaise et par vingt-cinq mille Turcs ou
Égyptiens aux ordres du Muchir Amet Pacha.

Ce dernier ayant signalé au gouvernement otto-
man les services rendus par M. de Bernis, le sul-
tan envoya au lieutenant-colonel la croix de grand-
officier de l'ordre du Medjidié.

Le 14 mars 1859, le vicomte de Bernis fut nommé
colonel et prit, à Auch, le commandement du 1ᵉʳ de
chasseurs de France. Embarqué pour la province
d'Oran, avec son nouveau régiment, il vint à Mos-

taganem et prit part, à l'automne de 1859, à l'expédition du Maroc, qui lui valut la croix d'officier, le 19 septembre 1860.

Rentré en France en 1862, à Tarbes, commandeur le 2 septembre 1864, il fut promu général de brigade le 31 juillet 1867, et prit d'abord le commandement de la subdivision de Saône-et-Loire et de l'Ain, puis celui d'une brigade de la division de cavalerie de Clérembault, de l'armée de Paris, à Versailles, où il se trouvait lors de la déclaration de guerre à la Prusse, le 15 juillet 1870.

Envoyé avec sa brigade à la division de cavalerie Brahaut, du 5e corps, un de ses régiments, le 12e de chasseurs, dans lequel lui-même avait débuté en sortant de Saumur, eut l'honneur de donner le premier coup de sabre à l'ennemi. Le 25 juillet à Schirlenof près Niederbronn, une reconnaissance du 12e de chasseurs eut un combat dans lequel plusieurs uhlans furent sabrés et trois officiers badois fait prisonniers.

Le général de Bernis se trouva à Reischoffen, à Beaumont, à Sédan. Ayant, à cette dernière jour-

née, percé les lignes ennemies, dans son mouvement offensif de sa brigade contre les batteries de
Fleigneux, entouré de toute part, il fut assez heureux pour pouvoir gagner Mézières, où il reçut
l'ordre de se diriger par Hirson sur Paris.

Chargé par le ministre de la guerre de rallier et
de diriger sur la capitale les débris de nos troupes,
il arriva dans cette ville, y organisa rapidement
en régiments les lambeaux de plusieurs corps, et
fut longtemps le seul officier général de cavalerie
au siège. Il rendit de grands services à la défense,
à la tête de ses cavaliers, surtout au combat de
Châtillon le 19 septembre, au moment de l'inves-
tissement.

Lors de la formation des trois armées à Paris,
le général de Bernis eut le commandement de la
1$^{re}$ brigade de la division de cavalerie Bertin de
Veaux de la 3$^e$ armée. Après le siège contre les
Allemands, M. de Bernis eut à commander, au
siège contre la Commune, à l'armée de Versailles,
la 1$^{re}$ brigade de la division de cavalerie Ressayre
du 3$^e$ corps.

Général de division le 4 novembre 1874, il fut chargé de faire des inspections de cavalerie, jusqu'à son passage au cadre de réserve, par limite d'âge.

Élevé à la dignité de grand-officier de la Légion d'honneur le 12 juillet 1879, M. de Bernis n'a pas voulu prendre sa retraite et se trouve encore dans le 2ᵉ section du cadre d'activité, prêt à reprendre les armes si une guerre éclatait de nouveau.

D'une noble famille d'épée, arrière-petit-neveu du cardinal de Bernis, le général a pour armes : *d'azur à bande d'or, surmonté d'un lion passant de même;* pour cimier : *un demi-lion au naturel armé d'une épée;* pour devise : *armé pour le Roy.*

Il a eu des ancêtres aux croisades, et les armes de sa famille figurent à la salle de la première croisade, au palais de Versailles.

FAUVART-BASTOUL (Jacques-Alexandre-Jules), général de division d'infanterie, grand-officier de la Légion d'honneur, né à Béthune (Nord), le 30 octobre 1814, était le fils et le petit-fils de

généraux dont l'un fut tué à Hohenlinden en 1800.
Entré à Saint-Cyr en octobre 1833, sous-lieutenant
au 28e de ligne le 20 avril 1835, il rejoignit ce régiment à Montbrison, y devint lieutenant le 27 décembre 1840, étant à Lille, et capitaine le 12 décembre 1844. Il prit à son régiment les fonctions
d'adjudant-major et reçut la croix de la Légion
d'honneur en 1848.

Promu chef de bataillon, le 14 janvier 1853, au
7e léger, devenu le 82e de ligne, en Algérie, dans
la province d'Oran, en 1853 et 1854, il revint en
France pour prendre, à Lyon, le commandement
du 6e bataillon de chasseurs à pied, qu'il conduisit
à l'armée d'Orient en novembre, et à la tête duquel
il fit la campagne de Crimée et le siège de Sébastopol, à la 1re brigade (Beuret) de la 3e division
(Paté) du 1er corps (de Salles).

Son bataillon fut cité pour sa brillante conduite
à l'affaire de nuit du 23 mai, et son commandant
fut promu lieutenant-colonel du 14e de ligne. Il
passa alors à la 2e brigade (Duval) de la 4e division
(Bouat) du 1er corps. Officier d'élite, il fut placé

9.

dans la garde impériale, à sa formation, au 3ᵉ de grenadiers, dont il organisa, en Crimée, les bataillons de guerre. En juin 1856, il les ramena en France, et, le 30 décembre 1857, il fut nommé colonel du 36ᵉ de ligne, puis, le 15 août 1860, il fut rappelé dans la garde et mis à la tête de son ancien régiment, le 3ᵒ de grenadiers. Commandeur le 30 décembre 1862, général de brigade le 15 décembre 1865, il commanda au camp de Châlons la 2ᵒ brigade de la division Bataille, et se trouvait à ce camp au moment de la guerre à la Prusse.

Envoyé à la 2ᵇ brigade (66ᵒ et 67ᵒ de ligne) de la 2ᵒ division (Bataille) du 2ᵇ corps (Frossard), il se trouva aux premières affaires d'août, aux grandes batailles autour de Metz, commanda la division le 16 août, après la mise hors de combat du général Bataille, et fut en captivité à Cologne jusqu'au 18 mars 1871, après la capitulation de Metz.

De retour en France, il eut le commandement d'une brigade d'infanterie au 2ᵒ corps (de Cissey) pendant le siège de Paris contre la Commune.

Il avait été fait général de division le 27 oc-

tobre 1870. Après la rentrée des troupes à Paris,
il commanda la 18ᵉ division d'infanterie à Tours
et fut élevé à la dignité de grand-officier de la
Légion d'honneur le 18 juillet 1876. Le 19 janvier 1880, le général Fauvart-Bastoul fut admis,
sur sa demande, à la pension de retraite par limite d'âge.

—

### Généraux de brigade :

LOUVEAU DE LA GUIGNERAY (Marie-René-Amable),
général de brigade, officier de la Légion d'honneur, né le 20 décembre 1814, au Mouillage (arrondissement de Saint-Pierre de la Martinique),
fut admis à Saint-Cyr le 19 novembre 1832, à l'âge
de dix-huit ans, à la suite de bons examens et
après avoir contracté un engagement volontaire.
Sous-lieutenant au 36ᵉ de ligne le 1ᵉʳ octobre 1835,
passé au 74ᵉ le 15 novembre 1840, lieutenant le
2 janvier 1841, il fut nommé capitaine à ce régiment le 3 juin 1847. Le 4 mai 1854, M. de la

Guigneray fut embarqué pour l'armée d'Orient. Il commença la campagne de Crimée et le siège de Sébastopol à la 2ᵉ brigade (Breton) de la 1ʳᵉ division (d'Autemarre d'Ervillé) du 1ᵉʳ corps (de Salles).

Promu chef de bataillon au 50ᵉ de ligne, il passa à la 1ʳᵉ brigade (de Wimpffen) de la 2ᵉ division (Camou) du 2ᵉ corps ; il continua la guerre jusqu'au 2 juillet. Rappelé alors en France, il fut envoyé au 10ᵉ de ligne le 5 septembre, puis au 5ᵉ, le 8 du même mois. Il fit avec ce dernier régiment l'expédition de Syrie, du 8 août 1860 au 13 juin 1861.

Le 2 août 1858, il reçut la croix de chevalier de la Légion d'honneur et fut nommé, le 14 mars 1863, lieutenant-colonel du 73ᵉ de ligne. Officier de la Légion d'honneur le 8 septembre 1866, colonel le 10 août 1868, il prit le commandement du 20ᵉ de ligne, régiment qu'il mena, lors de la déclaration de guerre à la Prusse, le 15 juillet 1870, à la 2ᵉ brigade (Maurice) de la 2ᵉ division (Bisson) du 6ᵉ corps (Canrobert).

Il fit le second siège de Paris contre la Commune, du 10 mai au 7 juin 1871, à la tête du 82ᵉ de marche, et fut promu général le 24 juin. Il dut prendre, le 6 juillet, le commandement de la 2ᵉ brigade de la 2ᵉ division du 6ᵉ corps, à Lyon, mais il demanda et obtint, pour cause de santé, le 13 du même mois de juillet, sa mise en disponibilité.

A Sedan, M. de la Guygneray avait eu la poitrine traversée de part en part par une balle, et avait pu, néanmoins, commander pendant la fin de la guerre, à partir du 24 novembre 1870, la subdivision de la Charente-Inférieure, à la Rochelle.

Le général est mort le 9 février 1874 à Angoulême, après avoir repris, le 12 octobre 1871, le commandement de la subdivision de la Charente-Inférieure.

MAURICE (Auguste-Hermann-Michel), général de brigade d'infanterie, commandeur de la Légion d'honneur, né le 13 avril 1815, à Lille (Nord), fit ses études à l'École militaire préparatoire de la Flèche, de 1826 à 1832. Admis à Saint-Cyr le 19 novembre 1832, caporal à cette école le 29 septembre 1833, il en sortit en 1834, fut nommé, le 20 avril 1835, sous-lieutenant au 55e de ligne, lieutenant le 21 novembre 1840, capitaine le 19 février 1843, il commanda d'abord une compagnie, puis, en 1845, il prit à son régiment les fonctions d'adjudant-major. Passé, le 23 mai 1848, au 22e de ligne, il obtint d'entrer, le 25 février 1852, au 3e de zouaves, dans la province de Constantine, où il resta jusqu'au 14 janvier 1854.

Major le 29 novembre 1853, il revint en Algérie le 8 septembre 1854, ayant changé ses fonctions administratives pour le commandement d'un bataillon du 47e de ligne; puis celui du 7e bataillon de chasseurs à pied, avec lequel il embarqua pour l'armée d'Orient, le 3 avril 1855. Le 14 septembre, à la suite de l'attaque générale de la ville russe, il fut cité à l'ordre et reçut la croix de chevalier de la Légion d'honneur.

Le 8 décembre, il repoussa, à la tête de son bataillon, une colonne russe qui, au point du jour, s'était jetée sur les grand'gardes de la division d'Autemarre, à Orlouska et Baya. Sa brillante

conduite dans cette circonstance lui valut la croix
d'officier de la Légion d'honneur, bien qu'il ne fût
chevalier que depuis quelques mois. Il est cité
dans le dernier ordre de l'armée d'Orient pour ce
fait d'armes.

De retour d'Orient, le 26 juin 1856, le commandant Maurice mena son bataillon à Paris. Lieutenant-colonel, le 2 août 1858, au 40ᵉ de ligne, à la
division d'occupation de Rome, il resta en Italie
jusqu'au 11 juin 1860. Colonel le 25 mai, il revint
en France prendre à Dieppe le commandement du
26ᵉ de ligne. Le 14 août 1864, il reçut la croix de
commandeur. Il se trouvait à Cherbourg lors de
la déclaration de guerre à la Prusse. Promu général, il fut envoyé prendre le commandement de
la 2ᵉ brigade de la 2ᵉ division (Bisson) du 6ᵉ corps
(Canrobert). Sa santé l'ayant contraint de se faire
mettre en disponibilité, il reprit du service actif
aussitôt qu'il fut en état de monter à cheval. Le
15 septembre, il fut mis à la tête de la subdivision
du Puy-de-Dôme, puis successivement de celles
du Gers, de la Dordogne, de la Gironde.

En novembre 1874, il commanda la 3e brigade
de la 2e division du 1er corps, à Arras, et les subdivisions de région d'Arras et de Béthune.

Au cadre de réserve pour limite d'âge, le
13 avril 1877, il fut mis, sur sa demande, à la retraite par décret présidentiel, en date du 7 janvier 1879.

Le général Maurice est commandeur de l'ordre
pontifical de Saint-Grégoire-le-Grand et décoré du
Medjidié de seconde classe.

FERRADOU (Jean-Louis-Claire-Esprit), général
de brigade d'infanterie, commandeur de la Légion
d'honneur, né à Toulouse le 28 mai 1814, élève de
Saint-Cyr le 20 octobre 1832, sous-lieutenant le
1er octobre 1835, au 17e léger, commença sa vie
militaire par les campagnes d'Afrique. Embarqué
le 1er septembre 1836 pour notre colonie, il y resta
jusqu'au 29 juillet 1841, et pendant cette période
fut promu lieutenant, le 6 avril 1841.

Le 30 janvier 1837, ce jeune officier fut forte-
ment blessé, lors de l'explosion du magasin à

p oudre de Bône, sous lequel il resta quelque temps
enseveli.

Le 31 décembre 1839, il reçut une balle à la
cuisse droite, au combat de l'Oued-Halley. Cité
une première fois pour avoir tué un chef arabe le
15 décembre 1839, une seconde fois le 31 pour le
combat du 29 décembre, il fut décoré le 15 février 1840, pour fait de guerre.

Capitaine le 20 mai 1843, après son retour en
France, il prit à son régiment les fonctions d'adjudant-major, le 15 juillet 1844. Chef de bataillon
au tour du choix, le 6 mai 1850, au 18e léger, il
se trouvait, en 1849, aux affaires de Lyon. Il fut
cité au rapport du général d'Arbouville pour sa
brillante conduite à l'attaque de la Croix-Rousse.

Lieutenant-colonel le 10 août 1854, au 23e de
ligne, il retourna pour la seconde fois en Algérie,
le 3 avril 1856, fit l'expédition de la Grande-
Kabylie du maréchal Randon en 1857, se distingua, reçut le 13 août la croix d'officier de la
Légion d'honneur, et le 30 décembre de la même
année les épaulettes de colonel. Il prit alors le

commandement du 20ᵉ de ligne. Le 8 juin 1864, le colonel Ferradou aborda pour la troisième fois en Algérie avec son régiment et y resta jusqu'au 22 août 1868, souvent en expédition.

Commandeur le 12 août 1864, général de brigade le 10 août 1868, il rentra en France le 22 août pour prendre le commandement de la subdivision de la Haute-Loire et du Cantal, au Puy, où il mourut le 4 novembre de la même année 1868, sa forte constitution n'ayant pu résister à ses longs séjours dans notre colonie.

Le général Ferradou, qui n'avait que cinquante-quatre ans, était considéré comme un des plus brillants et des plus vigoureux soldats de l'armée d'Afrique.

Le Roy de Dais (Raoul-Paul-Eugène), général de brigade d'infanterie, commandeur de la Légion d'honneur, entra à l'École de Saint-Cyr le 17 novembre 1832, fut nommé caporal à cette école, le 29 septembre 1833, caporal-fourrier le 1ᵉʳ janvier 1834, et en sortit en 1834. Élève à l'École

d'application d'état-major le 1ᵉʳ janvier 1835,
il fut promu sous-lieutenant le 20 avril 1835, et
resta détaché de son régiment, le 63ᵒ de ligne,
à l'École d'état-major, où il avait été admis à la
suite de bons examens. Passé sous-lieutenant au
51ᵉ de ligne, le 11 mai 1835, étant rentré dans
l'infanterie, lieutenant au tour du choix, le 21 août
1839, il fut promu capitaine également au tour du
choix, le 9 février 1842.

Le 24 octobre 1845, il embarqua avec sa compagnie pour notre colonie d'Afrique, où il fit plusieurs expéditions jusqu'en 1851, et fut décoré le
10 décembre 1849. De retour en France, il se
trouva au coup d'État du 2 décembre à Paris. Son
régiment enleva la barricade de la place Saint-
Sulpice, où fut tué le représentant Baudin. Le
9 janvier 1852, M. Le Roy de Dais fut nommé chef
de bataillon au 43ᵉ de ligne, avec lequel il se rendit
à l'armée d'Orient en Crimée, devant Sébastopol,
le 7 mai 1855, lors du renfort envoyé de France.
Le 22 septembre, après la prise de la ville russe,
promu lieutenant-colonel, il entra au 21ᵉ de ligne,

avec lequel il revint en France, et commença la
campagne d'Italie contre l'Autriche, à la 1ʳᵉ brigade (Niel) de la 2ᵉ division (de Ladmirault) du
1ᵉʳ corps (Baraguey d'Hilliers). Il combattit à Magenta, à Melegnano, à Solférino, reçut la croix
d'officier de la Légion d'honneur le 13 août, étant
passé le 18 juin au 2ᵉ régiment des grenadiers de
la garde impériale.

Il resta à peine un an dans ce régiment d'élite ;
promu colonel le 12 mai 1860, il prit le commandement du 98ᵉ de ligne, reçut la croix de commandeur le 5 novembre 1864 et les épaulettes de général de brigade le 14 juillet 1870, veille de la
déclaration de guerre à la Prusse. Mis à la tête
de la 2ᵉ brigade de la 1ʳᵉ division d'infanterie
(Tixier) du 6ᵉ corps (Canrobert), il combattit aux
grandes journées d'août, de septembre et d'octobre sous Metz, prit part à la défense de cette
place et fut envoyé en captivité en Allemagne,
après la reddition du 28 octobre.

De retour en France à la signature de la paix,
le général reçut le commandement de la 1ʳᵉ bri-

gade de la 2ᵉ division (L'Hériller) du 4ᵉ corps (Douay) de l'armée de Versailles, à la tête de laquelle il fut tué le 26 mai 1871, en menant sa brigade à l'attaque contre les communeux, lors de la rentrée des troupes à Paris. Le général Le Roy de Dais était prêt à passer divisionnaire. Décoré des médailles de Crimée, d'Italie, de la Valeur militaire de Sardaigne, il avait l'ordre de 4ᵉ classe du Medjidié de Turquie.

Dubos (Louis-Ferdinand), né à Broyes (Oise), le 20 septembre 1813, élève de Saint-Cyr le 22 novembre 1832, nommé, le 20 avril 1835, sous-lieutenant au 19ᵉ de ligne, alors à la division des Pyrénées-Orientales, à Perpignan, passa lieutenant à ce régiment le 27 décembre 1840, étant à Rennes. Noté comme un vigoureux officier, il obtint d'être envoyé, le 4 janvier 1842, au régiment de zouaves à Alger. Embarqué dans notre colonie, il y resta de 1842 à 1854, presque toujours en expédition, y fut promu capitaine le 25 jan-

vier 1846, et y prit les fonctions d'adjudant-major,
le 2 avril de la même année.

Mis à l'ordre de l'armée d'Afrique du 17 octobre 1845 pour sa brillante conduite au combat
livré le 13, aux Trarars d'Aïn Kebir, dans la province d'Oran, il reçut le 9 novembre la croix de
chevalier de la Légion d'honneur, pour fait de
guerre.

Le 26 décembre 1846, M. Dubos fut nommé
chef de bataillon aux zouaves. Blessé au bras droit
le 10 juillet 1849, dans un combat contre les
Arabes, où, à la tête de son bataillon, il aborda vigoureusement l'ennemi. Il fut placé au 3e régiment
de son arme, le 13 février 1852, à Philippeville,
dans la province de Constantine, lors de l'organisation du corps des zouaves en trois régiments.
Le 6 août de la même année, étant en expédition,
il fut fait officier de la Légion d'honneur et partit
en 1854 pour l'armée d'Orient, à la 1re brigade
(d'Autemarre) de la 2e division d'infanterie (Bosquet) du 1er corps expéditionnaire envoyé en Turquie. Le 20 septembre, à la bataille de l'Alma, il

fut blessé d'un éclat d'obus à la main droite.

Promu lieutenant-colonel du 6ᵉ de ligne, le 18 octobre 1854, il resta à l'armée d'Orient, devant Sébastopol, à la 2ᵉ brigade (Vergé) de la 2ᵉ division (Camou) du 2ᵉ corps (de Salles). Il combattit à Tractir, fit tout le siège de la ville russe et fut nommé colonel du 73ᵉ de ligne, le 30 janvier 1855, trois mois à peine après avoir reçu l'épaulette de lieutenant-colonel. Il continua la campagne à la brigade Cler, la deuxième de la division Herbillon du corps de réserve. Il ne resta que quelques mois à la tête de ce régiment, ayant été pourvu, le 7 février 1856, du commandement du 4ᵉ de voltigeurs de la garde impériale.

Commandeur le 8 octobre 1857, il mena son régiment d'élite à la campagne de 1859, en Italie, combattit à sa tête et avec sa vigueur habituelle à Magenta et à Solférino. Le 7 janvier 1860, le brillant courage du jeune colonel reçut sa récompense. Il fut promu général de brigade et envoyé à Brest pour y commander la subdivision du Finistère. Le 14 avril de la même année, on le rapprocha de Paris en lui donnant la subdivision du Loiret à Orléans. Envoyé au camp de Châlons en 1862, il y prit le commandement de la 2ᵉ brigade de la 2ᵉ division. A la levée du camp, il fut pourvu du commandement d'une brigade à Paris, la 2ᵉ de la 3ᵉ division. En 1865, le général Dubos eut la subdivision de Seine-et-Marne, à Melun, où il mourut, le 21 février 1869, dans sa cinquante-cinquième année, ayant été presque toujours en campagne depuis sa sortie de l'École de Saint-Cyr.

Il était décoré de l'ordre du Medjidié, avait les médailles de Crimée, d'Italie, de la Valeur de Sardaigne, de la Reine d'Angleterre, et allait être promu divisionnaire lorsqu'il fut atteint par la maladie, suite de ses fatigues aux armées. C'était un officier qui se prodiguait volontiers, fort apprécié des généraux sous les ordres desquels il avait servi ; il était estimé de ses soldats et fort aimé de tous ceux qui avaient eu des relations avec lui, grâce à l'aménité de son caractère.


GALINIER (Joseph-Germain), général de brigade

d'état-major, commandeur de la Légion d'honneur, né à Belpach (Aude), le 27 novembre 1814, fut admis le 22 novembre 1832, à l'âge de 18 ans, à l'École spéciale militaire de Saint-Cyr, où il fut nommé caporal le 1er mai 1834. Sous-lieutenant le 20 avril 1835, il concourut en 1836 pour l'École d'application d'état-major, où il entra le 1er janvier 1837 comme officier-élève, détaché du 4e régiment d'infanterie légère.

Lieutenant au corps royal d'état-major, le 23 janvier 1839, il fut envoyé le 4 février au 6e de ligne, et le 11 juillet de la même année, autorisé à faire partie, ainsi qu'un autre lieutenant d'état-major, M. Ferret, de l'expédition de M. Combes, dirigée sur l'Abyssinie.

Capitaine le 27 janvier 1841 et revenu en France après un voyage d'exploration des plus intéressant, ayant rapporté avec son camarade de curieux et importants documents sur les pays parcourus, il fut placé au dépôt de la guerre, à Paris, pour y mettre au net ses travaux. Il rédigea alors avec M. Ferret, capitaine comme lui, un ouvrage en

10

deux volumes sur leur voyage en Abyssinie.

Cet ouvrage, soumis à l'examen d'une commission de l'Académie et ayant pour rapporteur le savant Arago, mérita de cette commission le jugement qu'on va lire :

« Tous les chapitres du rapport dont l'Académie vient d'entendre la lecture offrent des preuves manifestes du courage, du zèle éclairé, de l'esprit d'entreprise, qui animaient MM. Galinier et Ferret pendant leur voyage en Abyssinie. Placés presque toujours dans des circonstances très difficiles, ces jeunes officiers ont fait tout ce que les sciences pouvaient attendre d'eux. Nous regrettons vivement que nos usages nous interdisent de provoquer une démarche directe, tendant à demander pour les deux hardis voyageurs des récompenses qu'ils ont largement méritées. Nous avons, du moins, la certitude que l'Académie voudra bien appuyer sa commission, lorsqu'elle émettra le vœu que des travaux si neufs, si intéressants, si utiles, si laborieusement exécutés, soient mis le plus promptement possible sous les yeux du public. »

Les conclusions de ce rapport furent adoptées ; les deux officiers eurent la satisfaction de voir leur remarquable et utile ouvrage publié par ordre du gouvernement.

Après avoir terminé ses stages régimentaires d'infanterie, le capitaine Galinier, que ses travaux avaient mis en vue, reçut la croix de chevalier de la Légion d'honneur le 10 décembre 1844 et fut placé, le 30 août 1848, à l'état-major de la place de Paris.

Envoyé au 12° de dragons le 7 octobre de la même année, pour son stage de cavalerie, il fit le service d'adjudant-major à ce régiment jusqu'au 14 janvier 1851, puis s'embarqua pour l'Algérie en mars 1851, pour être employé aux travaux géodésiques de la carte de notre colonie. Le 22 février 1853, il fut mis à la disposition du gouverneur général de l'Algérie, qui, le 29 juillet de la même année, lui confia le commandement supérieur intérimaire de Laghouat, après l'expédition dans laquelle M. Galinier avait pris une part glorieuse.

Promu chef d'escadron au tour du choix, le 14 septembre 1854, maintenu en Algérie, il reçut la croix d'officier le 19 novembre 1856 et passa lieutenant-colonel le 12 août 1857. L'année suivante, il revint en France pour prendre les fonctions de chef d'état-major de la 21e division militaire. Appelé au dépôt de la guerre le 7 décembre 1858, il fut pris comme aide de camp le 7 avril 1859 par le maréchal Randon, ministre de la guerre, qui avait eu l'occasion de l'apprécier en Algérie et auprès duquel il avait fait l'expédition de la Grande Kabylie en 1857.

En août 1860, le lieutenant-colonel Galinier fut adjoint au général nommé commissaire pour la délimitation des frontières de France et de Savoie. Commandeur le 27 mars 1861, colonel le 2 mai 1862, il prit au camp de Châlons les fonctions d'état-major de la 1re division d'infanterie. Le 24 août 1863, le colonel Galinier fut nommé chef d'état-major de la 2e division d'infanterie du 1er corps, à Paris. Secrétaire du comité de cavalerie le 16 novembre 1864, après avoir exercé quatre années ces importantes fonctions, il fut appelé dans la garde impériale, comme chef d'état-major de la division de cavalerie, le 31 août 1865. Il fit en cette qualité la campagne de 1870-1871, à l'armée de Metz, se trouva aux grandes batailles autour de cette place, contribua à sa belle défense et fut envoyé prisonnier en Allemagne après la capitulation du 28 octobre.

De retour en France, à la paix, le 18 mars, il fut nommé général de brigade le 20 avril 1871, pour prendre rang du 27 octobre 1870. Disponible d'avril au 15 juillet, il fut attaché à l'état-major du gouverneur de Paris, puis nommé sous-chef d'état-major général de l'armée de Versailles, le 2 juin 1873. A la dissolution de cette armée, le général Galinier revint à l'état-major du gouverneur de Paris. Entré au cadre de réserve par limite d'âge, le 24 octobre 1873, admis sur sa demande à la retraite, par décret présidentiel en date du 25 juillet 1878, le général compte 46 ans de services effectifs, de nombreuses campagnes, deux citations à l'ordre de l'armée d'Afrique, pour

10.

sa vigoureuse conduite à l'expédition de Laghouat à la razzia du 16 octobre 1852 et à l'expédition du Djurjura en août 1854. Il est chevalier de l'Ordre militaire de Savoie, officier des Saint-Maurice et Lazare, décoré de l'Ordre du Nicham de 2e classe, de l'ordre russe de Sainte-Anne de 2e classe et de la Couronne de fer d'Autriche, également de 2e classe.

FERRET (Pierre-Victor-Adolphe), général de brigade d'état-major, commandeur de la Légion d'honneur, né à Réalmont (Tarn), le 30 mai 1814, admis à l'École spéciale militaire de Saint-Cyr, le 23 octobre 1832, en sortit en 1834 et fut nommé sous-lieutenant au 9e léger, le 20 avril 1835. Autorisé, en 1836, à concourir pour l'École d'application d'état-major, il y fut reçu le 1er janvier 1837. Lieutenant au corps royal d'état-major, le 23 janvier 1839, après ses deux années d'étude, il fut envoyé, le 4 février 1839, au 29e de ligne pour son stage d'infanterie. Il s'était très lié à l'École d'état-major avec un de ses camarades, M. Gali-

nier. Ils eurent l'idée de demander à faire avec
M. Combes, envoyé en mission en Abyssinie, ce
long et intéressant voyage. Autorisés tous les
deux par décision ministérielle du 11 juillet 1839,
M. Ferret quitta le 29° de ligne et s'embarqua à
Marseille pour l'Égypte, le 21 octobre, à bord du
*Léonidas*. De retour en France au commencement
de 1843, M. Ferret, nommé capitaine du 27 janvier 1841, fut, ainsi que son compagnon de voyage,
placé au dépôt de la guerre pour y mettre au net
les importants travaux qu'ils avaient rapportés
des lointains pays explorés par eux avec courage,
persévérance et intelligence. Ils écrivirent en outre
un récit très curieux de leur voyage, le soumirent
à l'Académie, qui nomma une commission pour en
connaître, et dont le rapporteur, le savant Arago,
rendit compte dans les termes les plus élogieux.
Les deux volumes de cet ouvrage, imprimés par
ordre du gouvernement et précédés du rapport de
la commission de l'Académie, mirent en relief les
deux jeunes officiers, qui reçurent, le 10 décembre 1844, en récompense de leurs fatigues, de

leurs travaux, des dangers sans nombre qu'ils
avaient bravés, la croix de chevalier de la Légion
d'honneur. Se trouvant à Paris en 1848, pendant
les émeutes de juin, M. Ferret combattit les insurgés, se distingua, reçut deux coups de feu, un au
pied droit, l'autre sur le côté gauche de la tête, et en
récompense de sa vigoureuse conduite fut nommé,
le 27 août, officier de la Légion d'honneur, distinction exceptionnelle pour un officier de son
grade et de son âge, chevalier depuis quatre ans
à peine.

Le 11 mars 1851, le capitaine Ferret quittant le
dépôt de la guerre, embarqua pour la province de
Constantine, détaché au 3ᵉ spahis pour y accomplir son stage de cavalerie. Souvent en expédition
avec ce régiment, il fut cité à la suite du combat
de Kaha, le 1ᵉʳ août 1852, sur les frontières de la
Tunisie, et une seconde fois à la suite de la razzia
du Zelarma, le 10 mars 1853.

En quittant le 3ᵉ spahis, le capitaine Ferret fut
mis à la disposition du gouverneur général de
l'Algérie. Il fit, en 1854, l'expédition du Djurjura,

dans la Kabylie, fut cité à la suite de cette expédition, le 13 août, et promu chef d'escadron au tour du choix, le 31 mars 1855 ; il resta encore quatre années dans notre colonie d'Afrique, et fit en 1857 l'expédition de la Grande Kabylie du maréchal Randon à l'état-major général.

Rappelé en France, il prit les fonctions de chef d'état-major de la 3ᵉ division d'infanterie de l'armée de Paris, le 14 juin 1859, et fut promu lieutenant-colonel le 5 août 1859. Le 19 septembre de la même année 1859, M. Ferret fut envoyé chef d'état-major de la 11ᵉ division militaire. Sur sa demande, il eut, le 19 décembre 1860, les mêmes fonctions à la division d'Oran.

Colonel le 12 août 1864, commandeur le 7 juin 1865, il resta en Algérie jusqu'au 14 avril 1869, et vint alors à Paris, appelé dans la garde impériale, chef d'état-major de la 1ʳᵒ division d'infanterie (Deligny). Il fit la guerre de 1870-1871 à l'armée de Metz, combattit aux grandes journées d'août, de septembre et d'octobre autour de cette place, à la défense de laquelle il prit part, et fut envoyé prisonnier en Allemagne à la suite de la capitulation du 28 octobre.

Général de brigade le 20 avril 1871, à sa rentrée en France, avec rang du 27 octobre 1870, M. Ferret resta en disponibilité jusqu'en 1875. Le 27 juillet de cette année, il passa au cadre de réserve, et sur sa demande obtint sa mise à la retraite par décret présidentiel en date du 5 septembre 1878.

L'existence militaire des généraux Ferret et Galinier offre une similitude telle et si singulière que dans le corps d'état-major on leur avait donné le nom des frères siamois. En effet, élèves de Saint-Cyr et de l'École d'état-major de la même promotion, ayant fait le même voyage, les mêmes expéditions en Afrique, décorés le même jour, chefs d'état-major dans la garde, généraux de la même époque, retraités par le même décret, le destin a été identiquement le même pour chacun d'eux.

WAUBERT DE GENLIS (Charles-François), général de brigade d'état-major, commandeur de la

Légion d'honneur, né à Paris le 13 septembre 1814, entré à Saint-Cyr le 20 novembre 1832, sous-lieutenant le 20 avril 1835, admis à l'École d'application d'état-major, à la suite de bons examens, le 1er janvier 1835, lieutenant au corps royal d'état-major le 21 avril 1837, fut envoyé le 8 juin de la même année au 49e de ligne pour y faire son stage régimentaire d'infanterie, et passa le 25 mars 1840 au 26e de ligne, alors en Afrique. Capitaine le 27 janvier 1841, il entra au 2e régiment de chasseurs d'Afrique pour son stage de cavalerie, et en fut détaché pour servir d'aide de camp au général de Bar, chef d'état-major du général Bugeaud, gouverneur de l'Algérie. Passé au 1er chasseurs d'Afrique à Mustapha-sous-Alger, il fit à ce régiment les fonctions d'adjudant-major du 1er septembre 1843 au 24 août 1845, reçut la croix de chevalier de la Légion d'honneur le 6 août 1843, et reprit en août 1845 ses fonctions d'aide de camp près du général de Bar, dont il épousa la fille.

Souvent en expédition, il fut mis, le 11 août 1847,

à l'état-major général, à Alger, lorsque son général quitta notre colonie.

Le 15 novembre de la même année 1847, M. Vaubert de Genlis, bel officier, intelligent et instruit, fut pris comme officier d'ordonnance par le duc d'Aumale, alors en Afrique. Disponible le 18 mars 1848, après la révolution de février, il fut remis en activité le 4 juin de la même année, à la disposition du gouverneur général et pris comme aide de camp par le général Charron, gouverneur, le 6 octobre 1848. A la disposition du gouverneur le 18 novembre 1830, chef d'escadron le 3 janvier 1851, il fut appelé à Paris et placé le 13 février à l'état-major du ministre de la guerre, reçut la croix d'officier le 7 août et fut placé comme adjoint au secrétaire du comité d'état-major en 1852. Envoyé en mission à Constantine pour suivre l'expédition de la Petite Kabylie du général de Saint-Arnaud, il envoya des rapports très explicites sur cette expédition et fut pris comme aide de camp, le 26 janvier 1854, par le général, devenu maréchal de Saint-Arnaud, ministre de la guerre, qui le nomma lieutenant-colonel. Il accompagna son brave maréchal en Orient, se trouva avec lui à l'Alma, lui ferma les yeux le lendemain de cette glorieuse journée, et fut pris comme aide de camp par Canrobert, qui avait succédé à Saint-Arnaud dans le commandement de l'armée devant Sébastopol. Aide de camp du général en chef Pélissier, le 22 mai 1855, il reçut les épaulettes de colonel le 19 septembre 1855, à la suite de l'attaque générale de la ville russe.

De retour en France en 1856, il prit à Paris les fonctions de chef d'état-major de la division d'infanterie de la garde impériale, le 18 juin.

Commandeur de la Légion d'honneur le 8 octobre 1857, mis en activité hors cadre, il fut nommé aide de camp de l'Empereur, et fit auprès de Napoléon III la campagne d'Italie contre l'Autriche, en 1859, se trouva aux batailles de Magenta, de Solférino, et revint en France après la convention de Villafranca.

Fort en faveur auprès du souverain, promu général de brigade le 13 août 1862, il fut maintenu

11

dans sa position et fit, du 15 juillet au 15 septembre 1868, les fonctions de chef d'état-major
général du camp de Châlons.

En 1870, le général se trouva à la bataille de
Sedan et fut envoyé en captivité en Allemagne,
après la convention du 2 septembre. Rentré en
France le 17 avril 1871, au rapatriement de l'armée,
il fut placé en disponibilité, et, sur sa demande,
admis à la pension de retraite le 7 février 1876.

Le général, un des hommes les plus intelligents
et les plus instruits sortis du corps d'état-major,
avait de nombreuses campagnes en Afrique. Il
avait fait celles de Crimée avec distinction, d'Italie,
le commencement de celle de 1870 contre la
Prusse. Cité à l'ordre de la division de Constantine du 7 juin 1841, il était décoré des médailles
militaires commémoratives et de l'ordre du Medjidié.

DE LA BASTIDE (Pierre-Hyppolite), général de
brigade d'infanterie, commandeur de la Légion
d'honneur, naquit à Limoges (Haute-Vienne), le

30 septembre 1815. Admis à l'École royale préparatoire militaire de la Flèche à la fin de 1825, à
l'âge de 10 ans, il y fit de bonnes études et passa
à l'École militaire de Saint-Cyr le 1er décembre 1832 ; sorti en 1834 et nommé sous-lieutenant au 50e de ligne le 20 avril 1835, lieutenant
le 25 avril 1840, il fut fait capitaine le 11 mai 1844,
au tour du choix. Officier actif, instruit, intelligent, très distingué, doué d'une taille élégante et
d'une figure charmante, il fut appelé aux fonctions
d'adjudant-major et ne resta que huit ans capitaine.

Promu chef de bataillon au 23e léger, le 9 janvier 1852, il prit le commandement du 10e bataillon de chasseurs à pied, le 29 octobre 1853, et
embarqua avec ce bataillon pour la division d'occupation d'Italie, à Rome, où il revenait pour la
seconde fois, ayant été à cette division avec le
50e de ligne, du 21 juin 1849 au 21 janvier 1850.

Le 24 décembre 1853, M. de la Bastide reçut, à
Rome, la croix de chevalier de la Légion d'honneur. Envoyé en Crimée le 24 décembre 1854 avec

les renforts destinés au siège de Sébastopol, il fit ce siège et fut promu, le 30 juin 1855, lieutenant-colonel du 6e de ligne, en récompense de sa brillante conduite.

Resté en Orient avec son nouveau régiment, il revint en France après la prise de la ville russe, en mai 1856. Lorsqu'en 1859 on forma l'armée d'Italie pour la campagne contre l'Autriche, le régiment de M. de La Bastide fut placé à la 2e brigade (Le Noble) de la 3e division (de Luzy de Pélissac) du 4e corps (Niel). Il combattit à Magenta, à Solférino ; se distingua à cette dernière bataille, y fut blessé et cité à l'ordre, fut nommé le 30 juin colonel du 30e de ligne.

Officier de la Légion d'honneur le 25 août 1861, proposé pour la garde impériale, il prit, le 12 août 1864, le commandement du 3e régiment des voltigeurs de ce corps d'élite, et reçut l'année suivante, le 25 avril 1865, la croix de commandeur de la Légion d'honneur.

Le 24 février 1869, M. de La Bastide, nommé général de brigade, fut envoyé à la subdivision

des Pyrénées-Orientales, à Perpignan, d'où il fut
appelé à Paris, pour y commander la 2ᵉ brigade
de la 2ᵉ division du 1ᵉʳ corps. De là, cet officier
général fut à Périgueux (Dordogne), le 8 septembre 1869. Il s'y trouvait, le 15 juillet 1870, lors
de la déclaration de la guerre à la Prusse et de la
formation de la première armée du Rhin. Mis à la
tête de la 2ᵉ brigade de la 2ᵉ division d'infanterie
(Liébert) du 7ᵉ corps (Félix Douay), il se trouva à
Beaumont, à Sedan, fut envoyé en captivité en
Allemagne, à la suite de la convention du 2 septembre, et de retour en France à la paix, le
22 mars 1871, il prit le commandement de la
1ʳᵉ brigade de la 2ᵉ division d'infanterie (de Laveaucoupet) du 1ᵉʳ corps (de Ladmirault), de l'armée de Versailles. Il fit donc le second siège de
Paris contre la Commune, et lorsque sa division
fut dissoute, le 28 septembre 1873, il fut envoyé
à Laon pour y commander la 7ᵉ brigade (4ᵉ division d'infanterie, 2ᵉ corps) et les subdivisions de
région de Laon et de Saint-Quentin.

Disponible sur sa demande, le 4 septembre 1877,

placé au cadre de réserve par limite d'âge, le
30 septembre de la même année 1877, il fut admis
à la retraite, en vertu d'un décret présidentiel en
date du 8 juin 1879, et est mort en 1884.

Le général de La Bastide était décoré de l'ordre
de Pie IX de 2ᵉ classe, de celui du Medjidié de
4ᵉ classe, des médailles de Crimée et d'Italie. Il
était commandeur de l'ordre pontifical de Saint-
Grégoire-le-Grand.

DUPATY DE CLAM (Antoine-Amédée-Mercier),
général de brigade de cavalerie, commandeur de
la Légion d'honneur, né à Paris, le 18 février 1813,
issu d'une ancienne et noble famille de robe, et
dont le père était président de la Cour de cassa-
tion, s'étant destiné à la carrière des armes, entra
à Saint-Cyr le 1ᵉʳ novembre 1832, à l'âge de 19 ans,
et en sortit sous-lieutenant du 20 avril 1835, avec le
numéro 34 de sa promotion, pour passer officier-élève à l'École de cavalerie de Saumur, et
de là au 2ᵉ de lanciers. Lieutenant le 16 novembre 1840, il fut envoyé au 7ᵉ de hussards,

régiment de nouvelle formation. Capitaine le 15 juillet 1843, au tour du choix, brillant officier de cavalerie, au 4ᵉ de dragons en 1849, il fut promu, le 25 octobre 1851, major au 2ᵉ de spahis, à Oran, puis au 4ᵉ de chasseurs d'Afrique, à Mostaganem, en 1852. Le 10 août 1853, il reçut la croix de chevalier de la Légion d'honneur. Envoyé à la tête d'une colonne de cavalerie pour châtier les tribus arabes du Tiaret révoltées, il accomplit sa mission avec intelligence et bonheur.

Promu le 29 mars 1856 lieutenant-colonel au 3ᵉ de chasseurs de France, il rejoignit ce régiment à la division de cavalerie de Lunéville. Colonel le 12 août 1861, il retourna en Algérie pour prendre, à Constantine, le commandement du 3ᵉ de spahis. Il fit plusieurs expéditions à la tête de son régiment, et eut la croix d'officier le 13 août 1863.

Il organisa les smalas agricoles de la province de Constantine de la façon la plus remarquable, et rentra en France en 1866 pour commander le 2ᵉ de dragons à Versailles, dont il fit en peu de temps un régiment modèle qui fixa l'attention des inspecteurs généraux et du ministre lui-même. Commandeur de la Légion d'honneur le 2 août 1867, M. du Paty de Clam, se trouvant en garnison à Cambrai, organisa pour la garnison un système de nourriture qui frappa le président du conseil de santé des armées, et produisit pendant la guerre 1870-1871, un effet salutaire sur l'hygiène de la troupe.

Envoyé à la 2ᵉ brigade (Maubranche) de la division de cavalerie de Clérembault du 3ᵉ corps (Bazaine, puis Decaen et Lebœuf), il se trouva à toutes les grandes batailles et combats d'août et de septembre autour de Metz, prit part à la défense de la place. Prisonnier en Allemagne, après la capitulation du 28 octobre, le colonel Du Paty, esprit inventif, un peu original, ayant l'imagination tournée vers le bien, organisa un système de secours pour les officiers en captivité comme lui, à Cologne, et rendit ainsi d'importants services à beaucoup de camarades non fortunés.

Rentré en France à la paix, il reprit, à Saintes,

le commandement du 2ᵉ de dragons, et donna une
vive impulsion à la réorganisation de ce régiment,
dans lequel avaient été versés des éléments hétéro-
gènes.

Général de brigade le 26 février 1873, il prit le
commandement de la subdivision de la Charente-
Inférieure, et le conserva jusqu'à son passage
au cadre de réserve. Admis à la retraite sur sa
demande, par décret présidentiel du 7 mars 1874,
cet officier général se consacra à l'éducation des
enfants qu'il a eus de son mariage avec Mˡˡᵉ de La
Vingtrie, fille d'un inspecteur divisionnaire des
ponts et chaussées. L'aîné, capitaine d'état-major
à l'âge de 24 ans, cité pendant le siège de Paris,
a opéré, comme l'avait fait son père, plusieurs
sauvetages, mû par l'esprit d'humanité qu'il tient
du général. Le second est officier au 138ᵉ de ligne.

CLER (Jean-Joseph-Gustave), général de brigade d'infanterie, tué à l'ennemi, commandeur de
la Légion d'honneur, né le 2 décembre 1814, élève
de Saint-Cyr le 20 novembre 1832, sous-lieute-

11.

nant le 20 avril 1835, rejoignit alors le 21° léger, à la division des Pyrénées-Orientales, à Perpignan, division commandée par le général de Castellane.

Le général, dont l'originalité et les petites manies ont bien souvent donné lieu à des plaisanteries, mais qui, de fait, savait admirablement apprécier les qualités militaires et les bons officiers, leur rendre justice, les pousser, ne tarda pas à remarquer le jeune et brave sous-lieutenant, dont la tenue, le zèle constant et l'instruction le frappèrent, pendant les inspections incessantes qu'il passait de sa division. Il le porta sur le tableau d'avancement dès que le temps réglementaire le lui permit, et le fit nommer lieutenant le 27 avril 1838, trois ans après sa sortie de l'École.

En 1839, le 21° léger, qui avait quitté Perpignan, vint à Bayonne. Cler, chargé de la direction des écoles, à son régiment, déploya dans cette mission délicate une ardeur, une intelligence, des talents qui le firent noter comme un officier hors ligne. En outre, il exécuta, pendant cette première période de sa carrière militaire, des travaux topographiques qui lui valurent des témoignages flatteurs de satisfaction du ministre de la guerre. Il rédigea un mémoire sur la fortification passagère qui lui mérita la plus haute distinction, celle de l'insertion de son nom au journal militaire officiel.

Capitaine au tour du choix, le 18 avril 1841, Cler, bien qu'il aimât beaucoup son régiment, où il était fort apprécié, désireux d'utiliser en campagne les connaissances qu'il avait acquises par ses études théoriques, sollicita et obtint la faveur de passer, en novembre 1841, au 2ᵉ bataillon d'infanterie légère d'Afrique, alors dans la province d'Alger.

Il faut des aptitudes spéciales pour servir aux bataillons d'infanterie légère d'Afrique, dont les hommes sont connus sous le nom de *zéphirs*. On ne place dans ce corps que des officiers ne reculant devant aucune difficulté. Cler fut jugé apte à y être admis. Avec le bataillon, il fit les campa-

gnes d'Afrique de 1842 à 1846, prit part à l'expédition du Maroc, se signala à la bataille de l'Isly
et se fit connaître du général Bugeaud.

Mis à l'ordre de l'armée le 23 décembre 1842,
pour sa belle conduite dans les montagnes de
l'Ouarensénis, au combat de Besnès du 10 décembre, à la colonne Korte, il prit, l'année suivante, à son bataillon, les fonctions d'adjudant-
major.

Dans son rapport sur l'attaque d'un convoi par
les Arabes, le 23 avril, le colonel de Saint-Arnaud écrit : « Le capitaine Cler s'est multiplié
pour diriger les tirailleurs et pour offrir aux blessés le secours de son cheval. » C'est qu'en effet
le brillant capitaine était aussi humain qu'il était
intrépide au feu. Ces qualités se trouvent habituellement réunies dans les cœurs haut placés.

Un jour une jeune femme causant avec Cler,
devenu général, et lui disant : Vous devez être fier
d'avoir si jeune une si belle position, en obtint
cette réponse : — Sans doute, madame, mais si
vous saviez la responsabilité qui incombe au chef, à

certains moments? Si vous saviez quelles pensées
agitent le cœur d'un honnête homme, lorsqu'il se
dit qu'un ordre mal donné, une mesure mal prise,
vont peut-être coûter la vie à de braves gens qui
ont mis en lui toute leur confiance? Je vous assure
que la médaille du commandement a bien son re-
vers. »

En 1844, le 21 mai, dans le Dahra, Cler se fit
encore remarquer. C'est là qu'il fut en relation
pour la première fois avec le futur duc de Malakoff, maréchal Pélissier, avec lequel il eut par la
suite une affaire dont nous parlerons plus loin.

Décoré pour fait de guerre, à la suite de plusieurs expéditions, Cler, en février 1846, fut cité
une fois encore à l'occasion du coup de main exé-
cuté contre les Ouled-Bossem. Il dirigea quelque
temps, de la façon la plus remarquable, l'administration de son bataillon, comme capitaine-major.

Major au 6ᵉ léger, le 27 avril 1846, neuf ans
après sa sortie de Saint-Cyr, lieutenant-colonel au
21ᵒ de ligne en 1852, Cler fut désigné des premiers, par le maréchal de Saint-Arnaud, lors de la

formation des trois régiments de zouaves, pour entrer au 2ᵉ, à Oran. Il contribua à son organisation, fit avec lui de nombreuses expéditions dans la Kabylie, aux Babords, et en prit le commandement en juillet 1853.

L'année suivante, il le mena en Orient, planta son drapeau sur la position du télégraphe, à l'Alma, et à sa tête attaqua les ouvrages Blancs le 7 juin 1855.

Général de brigade, il resta en Crimée à la 1ʳᵉ brigade de la division d'infanterie du corps de réserve, officier de la Légion d'honneur, puis commandeur, il fut appelé dans la garde impériale, dont il commanda la 1ʳᵉ brigade de la 1ʳᵉ division (grenadiers et zouaves).

Ce fût en guidant sa brigade au Naviglio-Grande, en Italie, le matin de Magenta, que l'héroïque général, frappé d'une balle au front, tomba mort.

Ses soldats se firent tuer autour de son corps pour ne pas le laisser en trophée aux Autrichiens. Déjà en Crimée, une centaine de zouaves du 2ᵉ régiment, obéissant au signal de la retraite, dans

une affaire de nuit, et croyant leur colonel prisonnier, revenaient en courant vers la ville russe, lorsque, rencontrés par Cler, qui leur dit : N'avez-vous
pas entendu la sonnerie de la retraite, ils lui firent
cette réponse : « — Mon colonel, on nous avait
dit que vous étiez au pouvoir de l'ennemi, nous
allions vous chercher jusque dans Sébastopol. »

Nous avons parlé d'une affaire entre Cler, alors
en Algérie et colonel du 2e de zouaves, et le général Pélissier. Ce dernier était souvent injuste et
brutal. Un jour, devant son régiment, il apostropha
grossièrement Cler. Ce dernier jette son sabre en
disant : Je donne ma démission ; puis il se retire.
Pélissier rentre un peu honteux de ce qu'il a fait.
Son aide de camp Cassaigne, qu'il adore, lui déclare qu'après ce qui vient de se passer il ne
restera pas auprès d'un chef assez injuste pour
apostropher comme il l'a fait le meilleur colonel
de l'armée. Le général prie, supplie son aide de
camp, qui exige de lui une lettre d'excuse et une
invitation à dîner pour Cler le soir même.

Lorsqu'il fut tué à Magenta, le général Cler

était un homme de 45 ans, grand, admirablement fait, ayant une figure noble, expressive, sur laquelle se peignaient à la fois l'audace et la bonté. Il était aimé de tous ses camarades, adoré de ses soldats.

Nous étions très liés à Saint-Cyr. Il est resté pour moi le camarade le plus aimable et le plus dévoué. C'est au moyen des notes qu'il a bien voulu me donner que j'ai pu écrire et publier le petit ouvrage intitulé : *Souvenirs d'un officier du 2° de zouaves.*

Une statue a été élevée dans sa ville natale à ce brave officier mort au champ d'honneur.

FILHOL DE CAMAS (Armand), colonel d'infanterie, ayant commandé une brigade au siège de Paris en 1870-1871, commandeur de la Légion d'honneur, né à Rennes, le 25 octobre 1814, fils du général d'artillerie du premier Empire, baron de Camas, fit ses études à l'École préparatoire de la Flèche. Admis à Saint-Cyr en 1832, sous-lieutenant au 15° léger le 20 avril 1835, il rejoignit le

régiment à Romans, et vint l'année suivante à la
division des Pyrénées-Orientales, à Perpignan.
Lieutenant le 25 avril 1840, étant en Algérie, dans
la province d'Oran, M. de Camas fit, dans notre
colonie, de nombreuses expéditions et passa capitaine au tour du choix, le 22 novembre 1842,
ayant à peine deux années de grade de lieutenant.

Il prit part à l'expédition du Maroc de 1844, se
trouva à la bataille de l'Isly, se distingua et revint
en France avec son régiment en garnison à Perpignan, en 1847. L'année suivante, il fut à l'armée
des Alpes, à la 1re brigade (de Luzy de Pelissac)
de la 2e division d'infanterie (Baragey d'Hilliers).
Son régiment ne fut pas désigné pour l'expédition
de Rome et vint, en 1850, à Paris, où le capitaine
de Camas reçut en 1852 la décoration de chevalier de la Légion d'honneur. Passé au 2e bataillon de chasseurs à pied, à Vincennes, en 1853,
promu chef de bataillon au 7° de ligne le 13 mai
1854, il embarqua avec son régiment à la 1re brigade (Espinasse) de la 1re division (Canrobert) du
1er corps expéditionnaire envoyé en Orient. Il fit

la fatale pointe de la Dobrutscha, en revint sain et sauf, combattit à l'Alma, à Inkermann, se trouva à toutes les opérations du siège de Sébastopol, et fut blessé le 8 septembre 1855, à l'assaut de Malakoff, en menant son bataillon à l'attaque du redoutable ouvrage. Cité à l'ordre de l'armée d'Orient, nommé officier de la Légion d'honneur après la prise de la ville russe et lieutenant-colonel à son régiment, le 7° de ligne, le 22 septembre 1855, il revint en France en 1856, à l'armée de Paris.

Au moment de la déclaration de guerre à l'Autriche, en 1859, le lieutenant-colonel de Camas se trouvait en garnison à Brest. Le 7° de ligne ne fut pas appelé à l'armée d'Italie, mais l'année suivante il fut à la division d'occupation de Rome, où il resta jusqu'à l'envoi au Mexique du premier corps expéditionnaire, aux ordres du général de Lorencez. Embarqué alors pour le nouveau monde, il fit cette rude campagne de 1862 à 1865. Promu colonel du 95° de ligne le 20 août 1863, il resta au Mexique, à la 2° brigade (de Castagny) de la

1$^{re}$ division (Bazaine) du corps du général Forey.

Rentré en France en 1865, admis à la retraite sur sa demande, il se trouvait dans ses foyers depuis cinq années, lorsque la guerre contre la Prusse éclata, en juillet 1870. Le colonel de Camas crut devoir offrir ses services. Il vint à Paris, reçut le commandement de la 1$^{re}$ brigade de la 2$^e$ division d'infanterie (de Liniers) de la 3$^e$ armée de défense (Vinoy). Il se conduisit pendant tout le siège avec une haute distinction, mena sa brigade aux grandes affaires sous Paris, et reçut en récompense la croix de commandeur.

La paix signée, le colonel de Camas remit au fourreau son épée et rentra dans ses foyers, après une vie militaire des plus honorablement remplie, à la suite de 45 ans de services effectifs, de nombreuses campagnes, d'une blessure et de plusieurs citations.

Le frère du colonel a été tué à la bataille d'Inkermann, à la tête du 6$^e$ de ligne qu'il commandait.

MONGIN (Louis-Stanislas-Xavier-Désirée), intendant général inspecteur, commandeur de la
Légion d'honneur, né à Saumur (Maine-et-Loire),
le 12 avril 1814, élève de Saint-Cyr le 20 novembre 1832; sous-lieutenant au 49e de ligne le 20 avril
1835, lieutenant le 30 juin 1839, passé le 5 novembre 1840 au 35e léger, à la formation de ce
régiment, y fut promu capitaine le 12 décembre
1844. Bien noté, il fut proposé, à l'inspection générale de son régiment, pour être détaché à l'É-
cole spéciale militaire pour y faire le service intérieur et y tenir l'emploi d'instructeur d'infanterie. Il remplit avec zèle ces fonctions du 8 janvier 1845 au 12 juillet 1849. Ayant subi de brillants examens pour le grade de major, il fut nommé
à ces fonctions et à ce grade, au 51e de ligne, le
12 juillet 1849, puis le 12 octobre 1850 il prit au
50e de ligne le commandement d'un bataillon, et
reçut la croix de chevalier de la Légion d'honneur
le 17 janvier 1852.

Lieutenant-colonel au 19e de ligne le 9 décembre 1854, il fit la guerre de Crimée et le siège de

Sébastopol, d'abord à la brigade de Lourmel de la division Forey, se trouva à l'Alma et à Inkermann, puis à la brigade Niol, 1ʳᵉ de la 1ʳᵉ division (d'Autemarre) du 1ᵉʳ corps (de Salles), jusqu'au 24 mars 1855. Il entra alors avec son grade au 1ᵉʳ voltigeurs de la garde, à la brigade de réserve Uhrich et reçut la croix d'officier le 1ᵉʳ juin 1855 pour fait de guerre.

Colonel du 60ᵉ de ligne, le 11 septembre 1855, après l'attaque générale de la ville russe, il prit quelques jours plus tard le commandement de son ancien régiment d'élite, le 1ᵉʳ des voltigeurs de la garde, qu'il ramena en France et à la tête duquel il fit en 1859 la campagne d'Italie contre l'Autriche.

Commandeur le 17 juin 1859, après Magenta, général de brigade le 2 juillet, après le retour des troupes à Paris, M. Mongin prit à Laon le commandement de la subdivision de l'Aisne, le 7 août 1859, commandement qu'il conserva jusqu'au 23 janvier 1866, date à laquelle il entra dans le corps de l'intendance comme intendant général inspecteur.

Passé au cadre de réserve par limite d'âge, M. l'intendant général Mongin a été admis à la pension de retraite, sur sa demande, par décret présidentiel en date du 26 février 1873.

CROISET (Adolphe-Charles-Hyacinthe), intendant militaire, commandeur de la Légion d'honneur, né à Nogent-sur-Marne (Seine), le 3 octobre 1815, fit ses études avec succès à l'École militaire préparatoire de la Flèche, de 1827 à 1832. Reçu à Saint-Cyr le 20 novembre 1832, sous-lieutenant au 34e de ligne, le 20 avril 1835, il rejoignit ce régiment à Dijon, y fut promu lieutenant le 27 décembre 1840 et capitaine le 26 janvier 1846. Cet officier ayant obtenu à l'inspection générale de son régiment, où il faisait les fonctions d'adjudant-major, l'autorisation de concourir pour le corps de l'intendance, y fut admis le 1er juin 1849 en qualité d'adjoint de seconde classe, et envoyé pour son stage à Montpellier. Passé à la première classe le 20 janvier 1852, embarqué pour l'Algérie, il vint successivement à Orléansville, puis à Blidah et à Milianah (province d'Alger).

Promu sous-intendant militaire de 2° classe, le 21 mai 1855, attaché à l'armée d'Orient, il fit la campagne de Crimée et reçut, le 22 août 1855, la croix de chevalier de la Légion d'honneur, étant devant Sébastopol.

Après cette guerre, il revint en France, à la Fère, puis à Nevers en 1860. Le 8 juillet 1862, M. Croiset fut fait officier de la Légion d'honneur. Nommé à la première classe, il fut maintenu à Nevers, où il se trouvait encore le 15 juillet 1870, lors de la déclaration de guerre à la Prusse. Envoyé à l'armée de Metz, il fit la campagne devant cette place, fut promu intendant divisionnaire le 18 octobre, dix jours avant la reddition, et de retour de captivité en Allemagne, à la paix, il fut mis en disponibilité. Commandeur le 24 juin 1871, il resta en disponibilité jusqu'en 1873, et reprit alors du service actif comme intendant du 4° corps d'armée, au Mans.

Entré au cadre de réserve par limite d'âge, il prit sa retraite le 1ᵉʳ septembre 1878.

AIROLLES (Jean-Thimothée), intendant militaire, commandeur de la Légion d'honneur, né à Sène (Aude), le 24 janvier 1814, élève de Saint-Cyr, le 1ᵉʳ décembre 1832, sorti dans les vingt premiers de sa promotion, autorisé par suite de son numéro à concourir pour l'École d'application d'état-major, fut admis à cette école le 1ᵉʳ janvier 1835, comme officier-élève. Sous-lieutenant le 20 avril, détaché du 6ᵉ de ligne, il fut promu lieutenant au corps royal d'état-major le 21 avril 1837 et employé aux travaux topographiques de la carte de France. Capitaine le 27 janvier 1841, il quitta la carte le 12 février pour faire son stage d'infanterie au 10ᵉ de ligne, et ensuite son stage de cavalerie au 2ᵉ de chasseurs, à partir du 28 janvier 1843.

Autorisé à concourir pour l'intendance militaire, et admis dans ce corps, à la suite de bons examens, comme adjoint de 2ᵉ classe, le 30 septembre

1844, il fut envoyé en Algérie, à Djijelly (province
de Constantine), où il resta jusqu'en 1848, soit à
Djijelly même, soit à Batna, soit à Constantine.

Adjoint de 1re classe le 22 décembre 1845, sous-
intendant militaire de 2e classe le 4 février 1849,
revenu en France, à Belfort, il reçut la croix
de chevalier de la Légion d'honneur le 10 décembre 1851, étant à Marseille. Le 30 mai 1855,
M. Airolles fut nommé à la première classe, maintenu d'abord à Marseille, puis à Bourges, il embarqua une seconde fois pour l'Algérie, le 18 février 1863, fut à la division d'Oran, où il fut nommé officier de la Légion d'honneur, à la suite de
plusieurs expéditions, et où il resta jusqu'en 1867.
Intendant divisionnaire le 18 janvier 1868, il prit
le service administratif à la 7e division, à Besançon, puis à la 10e, à Montpellier, où il se trouvait
au moment de la guerre contre la Prusse. Après
cette campagne, M. l'intendant Airolles fut envoyé
à Marseille.

Commandeur de la Légion d'honneur le 21 avril
1874, il fut admis à la pension de retraite par dé-

cret présidentiel du 10 octobre 1878. Cet officier de l'intendance est décoré de l'ordre du Medjidié de 3ᵉ classe et commandeur de l'Ordre de Pie IX.

GUYON (Ernest), lieutenant d'infanterie, chevalier de la Légion d'honneur, tué à l'ennemi. Né le 28 août 1814, Ernest Guyon entra à Saint-Cyr le 1ᵉʳ décembre 1832, en sortit dans un bon rang et fut nommé, le 20 avril 1835, sous-lieutenant au 2ᵉ léger. Lieutenant au tour du choix le 22 mai 1839, ce jeune et brave officier fut tué le 12 mai 1840 à la tête de sa compagnie, dans un combat contre les Arabes, au moment où il allait être nommé capitaine, grade pour lequel il était proposé. Son intelligence, sa bravoure et un fait de guerre lui avaient valu la croix de chevalier de la Légion d'honneur, qu'il avait reçu le 1ᵉʳ avril 1840, n'ayant encore que cinq années de services.

DE CARGOUET (Louis-Joseph-Delphin), chef de bataillon d'infanterie, chevalier de la Légion d'honneur, tué à l'ennemi, naquit à Guingamp (Côtes-

du-Nord), le 2 avril 1813 ; fit ses études à l'École
préparatoire de la Flèche de 1823 à 1832, et fut
admis à Saint-Cyr le 21 novembre 1832. Sous-
lieutenant au 6ᵉ de ligne le 1ᵉʳ octobre 1835, ce
jeune officier breton, au caractère ardent et loyal,
homme d'une bravoure chevaleresque, fut désigné
pour passer, le 24 septembre 1839, au bataillon
de tirailleurs souche des chasseurs à pied formés
l'année suivante par le duc d'Orléans.

On demandait pour ce bataillon de tirailleurs
des hommes d'une grande vigueur morale et physique. Le jeune Cargouet y fut envoyé des premiers
et y devint lieutenant le 22 octobre de la même
année 1839. Admis au 1ᵉʳ bataillon de chasseurs à
pied à sa formation, le 28 septembre 1840, capitaine le 11 juillet 1844, au tour du choix, au 5ᵉ bataillon de son arme, il fit campagne en Afrique
du 31 août 1844 au 2 mai 1850, dans la province
d'Oran, se trouva à la bataille de l'Isly.

Décoré le 22 avril 1847, pour fait de guerre, à
la suite de plusieurs expéditions, M. de Cargouet
fut promu chef de bataillon au 18ᵉ de ligne le

18 mai 1852. Embarqué avec son régiment à la fin de 1854, à la 1ʳᵉ brigade (Faucheux) de la 8ᵉ division (de Salles) de l'armée d'Orient, il fut tué le 22 mai 1855, dans les tranchées de Sébastopol, laissant la réputation d'un des plus énergiques officiers supérieurs de l'armée.

D'ANTHÈS (Théodore), chef de bataillon, officier de la Légion d'honneur, tué à l'ennemi, né en 1812, s'engagea au 18ᵉ de ligne, le 19 février 1832, à l'âge de 20 ans, y fut nommé caporal le 16 septembre, et, ayant reçu une bonne éducation, il obtint de concourir pour l'École spéciale militaire de Saint-Cyr, où il fut admis le 17 novembre de la même année 1832. Bon sujet, travailleur, exact dans son service, il obtint successivement à l'École les galons de caporal, le 29 septembre 1833, ceux de sergent, le 17 novembre, et enfin le grade de sergent-major, le 1ᵉʳ janvier 1834.

Sous-lieutenant au 19ᵉ léger le 30 avril 1835, lieutenant le 30 juillet 1839, capitaine le 22 janvier 1843, au tour du choix, il prit à son régiment les fonctions d'adjudant-major le 4 janvier 1846, et reçut la croix de chevalier de la Légion d'honneur le 6 mars 1846.

Chef de bataillon au 5ᵉ de ligne le 19 janvier 1850, il passa au 2ᵉ voltigeurs de la garde, à la formation de ce corps d'élite, fut embarqué à la brigade Uhrich pour l'Orient, et au combat de nuit du 23 mai 1855 eut les deux jambes brisées par un éclat d'obus. Il mourut quelques jours après des suites de ses blessures. Il avait été fait officier de la Légion d'honneur le 27 septembre 1854.

DARBOIS, chef de bataillon, chevalier de la Légion d'honneur, tué à l'ennemi, était né à Dijon, le 11 février 1814. Admis à Saint-Cyr le 20 novembre 1832, à l'âge de 18 ans, après avoir contracté un engagement volontaire, il fut nommé, le 1ᵉʳ octobre 1835, sous-lieutenant au 4ᵉ de ligne et lieutenant le 27 décembre 1840.

Capitaine le 21 juin 1844, il prit à son régiment le commandement d'une compagnie, et l'abandonna le 21 mai 1847, pour les fonctions d'adjudant-

12.

major. Officier vigoureux, strict dans le service, il passa au 2° de zouaves èn février 1852, à la formation du régiment, fit de nombreuses expéditions dans notre colonie, parmi lesquelles celle de la Kabylie et dés Babors, fut décoré le 10 août 1853 et embarqué pour l'Orient, en mars 1854. Chef de bataillon au 2° de zouaves, le 9 février 1855, devant Sébastopol, blessé une première fois d'un coup de feu à la joue gauche, à l'attaque du 18 juin, une seconde fois d'une balle au bas-ventre, le 16 août, à Tractir, en menant son bataillon à l'ennemi, il mourut le 2 septembre 1855 des suites de ses blessures.

MAGNAN (Zéphirin), colonel d'état-major, officier de la Légion d'honneur, tué à l'ennemi, est né à Andelot (Haute-Marne), le 18 février 1815. Admis à l'École de Saint-Cyr le 20 novembre 1832, à 17 ans, sous-lieutenant le 20 avril 1835 au 66° de ligne, il obtint de concourir pour l'École d'application d'état-major, où il fut admis le 1er janvier 1825. Lieutenant le 21 avril 1837, il fit ses stages régimentaires au 48ᵉ de ligne et au 2ᵉ de chasseurs d'Afrique, en Algérie, dans la province d'Oran.

Blessé d'une balle à l'oreille gauche, le 3 décembre 1839, étant en expédition, dans un combat contre les Arabes, mis à l'ordre, il reçut, le 21 janvier 1840, la croix de chevalier de la Légion d'honneur, pour fait de guerre.

Le 2 janvier 1841, M. Magnan revint en France pour terminer son stage de cavalerie au 2ᵉ de carabiniers. Capitaine le 27 janvier, envoyé au 4ᵉ de cuirassiers le 10 janvier 1842, il devint aide de camp du général de cavalerie inspecteur Gueswiller, le 14 mars 1843.

Le 22 novembre 1845, le jeune capitaine fut détaché comme professeur à l'École de Constantinople, prêté au gouvernement turc par le gouvernement français. Il fit un long séjour en Turquie, eut avec le ministère de la guerre une correspondance qui fut des plus utiles dans les circonstances où l'on se trouvait vis-à-vis de la Russie et du prince Mensikoff, ambassadeur du czar près la Porte Ottomane.

Lors du départ de la première expédition pour l'Orient, en mars 1854, M. Magnan fut attaché à l'état-major de la 3e division. Promu chef d'escadron le 22 décembre 1854, on le chargea avec le général Yussuf de l'organisation des Bachi-Bouzous ou spahis d'Orient, espèce de cavalerie irrégulière dont on espérait tirer un parti avantageux et qu'on fut obligé de licencier au bout de fort peu de temps, Yussuf lui-même n'ayant pu en faire autre chose que d'affreux pillards.

Après le licenciement des Bachi-Bouzous, le commandant Magnan, qui était officier de la Légion d'honneur du 13 octobre 1849, pendant sa mission à Constantinople, fut attaché à la division turque et mis à la disposition d'Omer Pacha.

Lieutenant-colonel le 26 mai 1855, mis à la disposition du général en chef de l'armée française en Orient, il quitta le camp turc, pour prendre, le 28 mai, à la 4e division d'infanterie du 2e corps, les fonctions de chef d'état-major. A l'attaque générale du 8 septembre, le lieutenant-colonel Magnan, en portant un ordre, fut blessé grièvement et mourut trois jours après, le 11, des suites de cette blessure.

LAURE (Hippolyte-Adolphe), colonel d'infanterie, commandeur de la Légion d'honneur, tué à l'ennemi, naquit aux Iles-d'Hyères (Var) le 26 mai 1815. Entré à Saint-Cyr le 7 décembre 1832, caporal à cette école le 1er mai 1834, sous-lieutenant au 24e de ligne le 1er octobre 1835, il fut promu lieutenant à son régiment le 17 octobre 1840. M. Laure, en Algérie de 1836 à 1848, fut cité à plusieurs reprises à l'ordre de l'armée d'Afrique : le 28 mai 1840, pour sa vigoureuse conduite à l'assaut du col de Mouzaïa ; pour l'attaque de la zaouya d'El-Bercani, le 3 avril 1841, et pour son intelligence pour repousser les retours offensifs de l'ennemi contre l'arrière-garde de la colonne enfin pour son intrépidité dans un engagement contre les Beni-Ouragh, le 11 octobre 1845.

Lorsque le 24e de ligne quitta notre colonie, M. Laure obtint de passer au 53e de ligne, le 28 juillet 1842. Capitaine le 23 mars 1842, noté

comme un des plus solides et des plus brillants
officiers de guerre de l'armée d'Afrique, il fut
promu chef de bataillon au tour du choix, le
6 mai 1850, et chargé du commandement du 3e bataillon de chasseurs à pied. Il ne rejoignit pas ce
bataillon, ayant obtenu d'entrer au régiment de
zouaves.

Le 22 juin 1840, après l'affaire du col de Mouzaïa, il avait reçu la croix de chevalier de la Légion
d'honneur. Le 7 août 1851, il fut nommé officier,
et lors de la formation des trois régiments de
zouaves, il entra au 1er de cette arme, le 12 février 1852.

Promu lieutenant-colonel du 27° de ligne le
25 juin 1853, passé au 54e le 10 août de la même
année, pour rester en Algérie, puis au 70° de ligne
le 3 mars 1855, toujours dans notre colonie d'A-
frique, il y fit de nombreuses expéditions, entre
autres celle de la Kabylie du maréchal Randon,
en 1854. Colonel du 68° le 19 novembre 1855, à
Batna, dans la province de Constantine, il quitta
le commandement de ce régiment le 9 février 1856,

pour prendre celui du 2ᵉ de tirailleurs algériens,
avec lequel il fit l'expédition de la Grande Kabylie
de 1857.

Commandeur de la Légion d'honneur le 15 août
1858, il fut chargé, le 26 mars 1859, en prévision
de la guerre contre l'Autriche, d'organiser un régiment de tirailleurs indigènes dit tirailleurs provisoire, dont il prit le commandement, qu'il mena
en Italie à la 1ʳᵉ brigade (de Polhès) de la 1ʳᵉ division d'infanterie (de La Motte-Rouge) du 2ᵉ corps
(de Mac-Mahon), et à la tête duquel il fut tué à
Solférino, le 24 juin, en enlevant la position de
Cavriana.

Le colonel Laure, âgé de quarante-quatre ans
au moment de sa mort, avait passé toute sa vie
militaire sur les champs de bataille en Afrique, et
comptait autant de campagnes que d'années de
services.

PAULZE D'YVOY (Eugène-Jacques-Charles), colonel d'infanterie, officier de la Légion d'honneur,
tué à l'ennemi, né le 12 août 1816, à Yvoy-le-

Pré (Cher), élève de Saint-Cyr le 20 novembre 1832,
sous-lieutenant au 4ᵉ de ligne le 20 avril 1835, lieutenant le 29 octobre 1840, passé au 6ᵒ bataillon de
chasseurs à pied le 8 novembre de la même année,
embarqua pour l'Afrique avec son bataillon le
8 juin 1841, fut promu capitaine au 8ᵒ de même
arme le 22 mai 1845, ayant fait un grand nombre
d'expéditions, dont celle du Maroc, terminée par la
bataille de l'Isly en août 1844.

Décoré pour fait de guerre le 19 avril 1843,
M. Paulze resta dans notre colonie jusqu'au
18 mars 1849, pendant six années consécutives.
Chef de bataillon au 53ᵉ de ligne le 19 juin 1850,
après cinq années à peine de grade de capitaine,
il fut à la division d'occupation d'Italie, à Rome,
du 5 août 1850 au 23 juin 1851. Le 30 août 1852,
il prit le commandement du 2ᵉ bataillon de chasseurs à pied, en Algérie, et revint en France le
8 mars 1853. En Italie pour la seconde fois de
1854 à janvier 1855, ayant été successivement
lieutenant-colonel du 40ᵉ de ligne le 5 septembre
1854, puis du 20ᵉ léger le 21 décembre de la même.

année, régiment devenu le 93° de ligne, il fit la
guerre d'Orient et le siège de Sébastopol à dater
du 18 janvier 1855. Le 18 juin, cet officier supérieur étant à la tranchée à la batterie dite de la Pointe,
fut atteint d'une balle entrée derrière la tête et
sortie par l'oreille. Cité à l'ordre de l'armée, décoré de la croix d'officier, cinq jours après, le
25 juin, il fut promu colonel du 97°, le 11 juillet de
la même année 1855. Il resta avec son nouveau
régiment en Crimée et prit part à l'attaque générale du 8 septembre. De retour en France en 1856,
il fut envoyé le 12 juin au 3e de zouaves, dans la
province de Constantine. Le 12 août 1857, il prit
le commandement du 1er de zouaves.

En 1859, lors de la déclaration de guerre à
l'Autriche et de la formation de l'armée d'Italie, le
colonel Paulze mena son régiment à la 1re brigade
(Goze) de la 3e division d'infanterie (Bazaine) du
1er corps (Baraguey d'Hilliers).

A la bataille de Melignago, le 8 juin, son brave
régiment ayant reçu l'ordre d'attaquer un village
dont les murs crénelés n'avaient pas, au préalable,

13

été battus en brèche, et le colonel ayant demandé du canon, le maréchal eut l'imprudence de lui dire : « Est-ce que vous avez peur? » A ces mots, l'intrépide Paulze se met à la tête de ses zouaves et tombe frappé à mort, victime de la parole inconsidérée de Baraguey d'Hilliers. Douze officiers sont tués également à cette attaque, et le régiment perd une grande partie de son effectif fort inutilement.

Le jeune et brillant colonel Paulze d'Yvoy, tué d'une façon si inopportune, était décoré des ordres de Saint-Grégoire-le-Grand, du Medjidié, des médailles commémoratives de Crimée, de France, d'Angleterre et de Sardaigne.

DE MALEVILLE (Louis-Charles), colonel d'infanterie, officier de la Légion d'honneur, tué à l'ennemi, est né à Paris, le 16 juin 1813. Issu d'une illustre famille de robe, fils d'un premier président de cour royale d'un grand mérite, il se destina à la carrière des armes et entra à Saint-Cyr le 16 novembre 1832. Sous-lieutenant le 20 avril 1835 au

62e de ligne, il fut embarqué le 28 mai 1836 pour l'Algérie, où il resta jusqu'au 14 avril 1841, souvent en expédition.

Lieutenant au tour du choix le 4 mars 1838, capitaine au 70e de ligne le 9 mars 1841, il obtint de passer, le 4 juin 1842, au régiment des zouaves, étant noté comme un officier d'une grande valeur. Décoré pour fait de guerre le 6 août 1843, il quitta l'Algérie en 1847 pour venir à Paris, nommé officier d'ordonnance du roi Louis-Philippe.

Après la chute des Bourbons de la branche cadette, le capitaine de Maleville, le 31 octobre 1848, rejoignit le 16e de ligne. Passé au 28e, le 4 novembre, il fut promu, le 27 janvier 1851, chef de bataillon au 16e de ligne, puis au 3e, le 3 juillet 1854. Parti du camp du Nord, il fit, à la tête de son bataillon, l'expédition de la Baltique, et reçut, le 4 août, la croix d'officier de la Légion d'honneur. Promu lieutenant-colonel du 89e de ligne, le 21 mars 1855, cet officier supérieur rejoignit son régiment à la division d'occupation d'Italie, où il resta jusqu'en août 1855.

Colonel le 30 octobre 1857, il prit le commandement du 55° de ligne, le mena en 1859 à la
2° brigade (Saurin) de la 2° division d'infanterie
(de Failly) du 4° corps (Niel). A la bataille de Solférino, le 24 juin, dans la plaine de Médole, le
brave colonel, croyant voir un moment d'hésitation
dans les rangs de son régiment, saisit le drapeau
et se porte en avant, en appelant à lui ses soldats
qui le suivent pleins d'enthousiasme et culbutent
l'ennemi. Mais Maleville tombe blessé dangereusement et meurt quatre jours après, ayant contribué
au succès d'une journée qui avait coûté au 55° de
ligne son colonel, deux chefs de bataillon, quatre
capitaines, six lieutenants tués et quinze officiers
blessés.

Le colonel de Maleville était commandeur de
l'ordre de Saint-Grégoire-le-Grand.

SUPERVIELLE (Charles-René-Stanislas), colonel
d'infanterie, commandeur de la Légion d'honneur,
tué à l'ennemi, né à Poitiers, le 18 décembre 1814,
élève de Saint-Cyr le 20 novembre 1832, à l'âge

de dix-huit ans, à la suite de bons examens et après avoir contracté un engagement volontaire; sous-lieutenant le 20 avril 1835, au 1er de ligne, embarqué le 20 février 1837 avec son régiment pour l'Afrique, passa lieutenant le 31 août 1840, fit plusieurs expéditions dans notre colonie, et en revint le 26 novembre 1842. Capitaine le 1er mars 1847, il prit, le 31 mars 1849, les fonctions d'adjudant-major.

Chef de bataillon au 6e de ligne, le 5 septembre 1851, au tour du choix, chevalier de la Légion d'honneur le 10 mai 1852, il partit le 12 octobre pour l'Orient, fit le siège de Sébastopol, fut promu lieutenant-colonel au 9e de ligne, le 11 juillet 1855, et resta en Crimée avec son nouveau régiment jusqu'au 30 juin 1856, prenant part à toutes les opérations devant la ville russe.

Le 5 mai 1859, il fut nommé colonel du 102e de ligne et vint pour la seconde fois dans notre colonie d'Afrique. Le 13 novembre de la même année 1859, il prit le commandement du 73e de ligne et reçut la croix d'officier de la Légion d'honneur le 13 août 1863, puis celle de commandeur le 11 août 1869.

Lors de la déclaration de guerre à la Prusse, le 15 juillet 1870, le colonel Supervielle mena son régiment à la 2ᵉ brigade (de Golbert) de la 1ʳᵉ division d'infanterie (de Cissey) du 4ᵉ corps (de Ladmirault). Il prit part aux grandes journées des 14, 16, 18 août autour de Metz, et à cette dernière, celle de Saint-Privat, il tomba blessé à mort d'un éclat d'obus, sur le champ de bataille, où il fut pris par les Allemands. Le 30 août, il expira, au moment où il allait recevoir les épaulettes de général.

Le colonel Supervielle était décoré de l'ordre du Medjidié et des médailles de Crimée, de France, d'Angleterre et de Sardaigne.

BERAUD (Albert-Hugues), colonel d'état-major, officier de la Légion d'honneur, tué à l'ennemi, naquit le 22 mai 1815, et fut admis à Saint-Cyr le 1ᵉʳ décembre 1832. Sorti dans les vingt premiers de sa promotion, il put concourir pour l'École d'application d'état-major, où il entra le 1ᵉʳ janvier 1835 comme officier-élève. Le 20 avril 1835, il reçut son brevet de sous-lieutenant au 50ᵉ de ligne, dont il resta détaché pour suivre les cours de l'École, à Paris.

Lieutenant au corps royal d'état-major le 21 avril 1837, en stage régimentaire d'infanterie au 39ᵉ de ligne, à Montbrison, le 4 avril 1839, en stage de cavalerie au 6ᵉ de chasseurs, le 21 mai 1841, après ses stages, il fut employé aux travaux topographiques de la carte de France. Capitaine le 27 septembre 1841, M. Beraud fut, le 23 avril 1848, à l'état-major de la 2ᵉ division d'infanterie de l'armée des Alpes (général Baraguey d'Hilliers). Cette division n'ayant pas été désignée pour l'expédition de Rome et ayant été dissoute, M. Beraud fut pris comme aide de camp, le 20 décembre 1849, par le général Foucher, commandant à Lille la 2ᵉ division militaire territoriale.

Le 25 février 1850, il passa à l'état-major de cette 2ᵉ division territoriale, lorsque son général entra au cadre de réserve, et le 27 décembre 1851 il fut pris comme aide de camp par le général Marulaz, commandant la 2e brigade de la 3e division d'infanterie, à l'armée de Paris. Le 10 août 1853, il reçut la croix de chevalier de la Légion d'honneur, et le 28 avril 1855, les épaulettes de chef d'escadron. Il fut mis, le 23 juillet 1856, à la disposition du général chef d'état-major de la division d'Oran, en Algérie, qui lui confia la direction du service topographique dans la province. Il était officier de la Légion d'honneur du 7 août 1859.

Lieutenant-colonel le 21 juillet 1866, M. Beraud prit, à Oran, les fonctions de sous-chef d'état-major général du 7e corps (Algérie), le 21 juillet 1870, et le 20 août celles de chef d'état-major provisoire de la province d'Alger.

Appelé en France en octobre 1870, promu colonel, nommé chef d'état-major du 16e corps (Pourcet) à l'armée de la Loire, il fut tué, le 15 janvier 1871, au combat de Saint-Jean-sur-Erve.

# MES SOUVENIRS

## DE

# L'ÉCOLE D'ÉTAT-MAJOR

13.

# DE SAINT-CYR A L'ÉCOLE D'ÉTAT-MAJOR

## I

Au mois d'août 1834, je sortis de l'École spéciale militaire avec un assez bon numéro, me donnant droit à l'arme de la cavalerie. On me plaça dans l'infanterie, parce que, étant boursier à la Flèche et à Saint-Cyr, j'étais censé n'avoir pas les moyens de subvenir à mes dépenses dans un régiment à cheval. Et en effet, c'était justice, puisque, à cette époque, l'État ne montait pas encore les officiers, puisqu'il fallait passer, comme sous-lieutenant-élève, deux années à l'École de Saumur, dont les chefs n'avaient pas la sagesse de s'opposer au débordement des jeunes gens sous leurs ordres, lesquels contractaient tous des dettes folles.

D'ailleurs, mon père, général en retraite depuis la révolution de 1830, n'avait aucune fortune.

Je rejoignis ma famille à Bayonne, où plutôt au joli village de Saint-Pierre-d'y-Rube, à l'entrée du pays basque où mon père avait loué une petite maison de campagne. J'y passai la fin de l'année 1834 et les trois premiers mois de l'année 1835.

Il était d'usage de nommer sous-lieutenants les élèves de Saint-Cyr ayant satisfait aux examens, de façon à ce qu'ils rejoignissent leurs corps au 1er janvier. Par exception, on ne put nous donner nos nominations que l'année suivante (1835), parce que le budget de la guerre était épuisé pour l'exercice 1834, et qu'il fallait un nouveau crédit sur lequel nous devions être payés.

Je vais dire quelques mots de mon séjour à Saint-Pierre-d'y-Rube, parce qu'il m'est arrivé là quelques aventures que l'on trouvera peut-être assez curieuses, se rapportant à la guerre d'Espagne de Don Carlos contre Christine.

Le village où nous habitions n'était qu'à deux kilomètres de Bayonne, où mon père se rendait

chaque jour après son déjeuner. Il revenait pour
le dîner. Nous allions au-devant de lui, ma mère,
mon frère et moi. Il s'occupait beaucoup de se
tenir au courant des mouvements carlistes en
Espagne. Il voyait souvent un M. Mitchell,
correspondant du journal anglais *le Times*,
envoyé à Bayonne pour donner des nouvelles des
affaires espagnoles. Mon père fut un des témoins
du mariage de Mitchell. De ce mariage est né
Robert Mitchell, qui s'est fait un nom dans le jour-
nalisme moderne. Il a été, en 1876, député, et
est aujourd'hui directeur d'un des grands journaux de Paris. Le père, qui a écrit longtemps
dans les journaux de Paris, avait plusieurs enfants.
Sa fille a épousé le maëstro Offenbach.

Près de notre maison de Saint-Pierre-d'y-Rube,
s'élevait un joli petit château nommé Ellisade,
loué par son propriétaire, riche Bayonnais, à une
colonie espagnole. Au nombre des habitants du
château se trouvaient alors la veuve et la belle-
sœur du général marquis de Santos-Ladron, officier navarrais, qui avait le premier fait soulever

les provinces basques contre la reine Christine en
faveur du roi Don Carlos Quinto. Le malheureux
Santos-Ladron, tombé dans une embuscade que
lui avait tendue Lorenzo, général christino, avait
été lâchement fusillé. Sa veuve, jeune et belle personne, ardente, aimant à l'adoration son mari,
était inconsolable. Venue en France ainsi que sa
sœur Mathea, fort jolie comme elle, avec ses
vingt ans, ses cheveux noirs, ses yeux de feu et sa
taille souple de Navarraise, elles habitaient Ellisade, quartier général des carlistes réfugiés dans
cette partie du royaume, et le point où venaient
aboutir, pour traverser la frontière, ceux qui allaient mettre leur épée au service du prétendant.
Nous ne tardâmes pas à nous lier avec tous
les habitants du château, et surtout avec les
Santos-Ladron. Mon père, dont les opinions légitimistes sincères étaient connues, se rendait avec
nous, presque tous les soirs, auprès de ces dames
et leur donnait des nouvelles. Un jour nous le
trouvâmes revenant de Bayonne tout joyeux et
hâtant le pas pour gagner, non pas notre habita-

tion, mais Ellisade, où nous fûmes avec lui.

— Grande et bonne nouvelle, dit-il dès que nous fûmes dans le salon, Don Carlos vient de franchir la frontière, et ce qu'il y a de plus plaisant, c'est qu'il a passé sous la protection de la gendarmerie française, qui l'a escorté sans s'en douter. Il nous raconta alors que depuis vingt-quatre heures le roi était caché dans l'hôtel du marquis de Lalande, Bayonnais fort légitimiste ; que le marquis l'avait conduit dans sa calèche avec ses enfants du côté de Saint-Jean-de-Luz et de Béobie. Qu'un peu avant d'arriver à ce point extrême du territoire français ils avaient rencontré le capitaine de gendarmerie de la compagnie des Basses-Pyrénées, brave officier que le marquis voyait quelquefois ; que l'ayant engagé à les accompagner dans leur promenade, l'innocent capitaine avait suivi pendant un certain temps la calèche, à cheval et au pas, en sorte que tous les bons gendarmes et les douaniers en patrouille sur la frontière ayant vu le capitaine avec un étranger qui n'était autre que Don Carlos, s'étaient

bornés à saluer respectueusement ce dernier, quand
il avait franchi à pied le pont de Béobie, avec la
démarche d'un touriste.

On comprend si ce récit fit le bonheur des habitants d'Ellisade. Le lendemain, la nouvelle se
répandit ; le pauvre capitaine fut appelé à Paris
et ne cacha pas le rôle qu'il avait involontairement
joué dans cette petite comédie, qui devait finir par
un gros drame, comédie qui ne lui procura pas
d'avancement.

A Bayonne se trouvait alors un agent carliste
très intelligent et très actif, marié à une jeune
et belle Basquaise. Cet agent, nommé Détroyat,
père du Détroyat actuel, diréçteur d'un des grands
journaux de Paris, et sous l'empire un des protégés
de l'impératrice Eugénie, était le maître de l'hôtel
Saint-Étienne. Il faisait de fréquents voyages à
l'étranger, recevait l'argent que les souverains
fournissaient pour le succès des armes carlistes,
s'étant fait l'intermédiaire entre les insurgés des
provinces basques et les Espagnols qui cherchaient
à se jeter dans le pays soulevé. Il hébergeait ces

derniers dans son hôtel, leur donnait quelques
secours sur les fonds déposés entre ses mains et
les envoyait à Ellisade, d'où, moyennant finances,
des guides du pays les dirigeaient, à travers la
montagne, sur les provinces basques. Le beau-
père de l'aubergiste Détroyat était tout simplement
un brave tailleur en vieux, appelé *Passavant*, que
je vois encore les jambes croisées sur son échoppe
de la rue du Port-Neuf, raccommodant de vieilles
culottes, ses lunettes sur le nez, tandis que les
sœurs de Mme Détroyat, jeunes filles aussi laides
que l'aînée était jolie, s'occupaient du ménage.
Mon père ne manquait jamais de faire un bout de
causette avec le vieux tailleur, à sa rentrée à
Saint-Pierre.

On sait que l'impératrice Eugénie, lorsqu'elle
était Mlle de Montijo, montait à cheval, aimait le
plaisir, s'y livrait résolument, en tout bien tout
honneur. Elle venait souvent à Bayonne et à
Biarritz. Partisan exhalté du principe légitimiste,
à cette époque, elle descendait à l'hôtel carliste
de Saint-Étienne. C'est là qu'elle connut les Dé-

troyat. Impératrice, elle n'oublia pas le fils de l'aubergiste, lequel fut quelque temps officier dans notre marine royale.

Je reviens à Don Carlos et au soulèvement des provinces basques. La présence du prétendant, les fonds et les diamants de la princesse de Beira, sa femme, trésors que Détroyat avait trouvé le moyen de lui faire passer, permirent d'achever les préparatifs de guerre. Un homme d'une vigueur, d'une capacité hors ligne, un héros, Don Thomas Zumala-carraguy, simple colonel dans l'armée espagnole, s'étant déclaré pour Don Carlos et ayant rejoint les bandes carlistes, ne tarda pas à les organiser en beaux et bons bataillons navarrais, guipuscoans et alavais. Sa petite armée fut bientôt en état de tenir campagne, de braver les troupes régulières des christinos et d'infliger de sévères punitions aux *Chapel gorris* et autres volontaires du parti de la reine, qui, comme la plupart des corps non réguliers, dans toutes les armées du monde, ne font la guerre que mus par l'intérêt personnel, l'amour du pillage. Au bout de quelques mois, on entrevit la possibilité d'une marche sur Madrid. Il n'est pas douteux que sans la mort de l'oncle Thomas (c'est ainsi que l'appe- laient les Navarrais), atteint d'une balle anglaise devant Bilbao, ou si, avant le siège de cette ville, Don Carlos, s'en rapportant à ces braves chefs de la Navarre et de la Catalogne, Zumala et Cabrera, avait autorisé leur marche combinée sur Madrid, comme ils le voulaient, il ne fût entré en vainqueur dans sa capitale, d'où Christine et l'innocente Isabelle, sa fille, s'apprêtaient à déguerpir. Mais Don Carlos était Bourbon, la crainte de faire ré- pandre trop du sang de ses adversaires lui fit perdre sa cause à lui comme à Louis XVI, comme à Charles X.

Avec nous, vivait alors mon frère aîné, âgé de 27 ans. Il avait eu de grands succès dans ses études chez les pères jésuites, dont il était adoré. Sa jeunesse, depuis la sortie de Saint-Acheul, avait été orageuse. Ayant fait un peu de tous les métiers, sans réussir à rien, il songea à se créer un avenir, en se jetant dans le parti carliste d'Espagne. Mon père ne l'en dissuada pas, et il fut résolu qu'il tenterait l'aventure. Les Santos-Ladron lui donnèrent des lettres pour toutes les notabilités du parti. Un beau soir d'automne il nous quitta, la mort dans l'âme, pour gagner par les cols des Pyrénées, déguisé en Basque, et sous la conduite d'un guide, les petits villages de Zuccarramandy d'Ormuristegny et la ville d'Élisonde, quartier général de l'armée carliste. Il ne devait plus revoir mon père... Il échappa aux agents de la police française, aux douaniers, aux gendarmes, aux soldats de la ligne formant un cordon à l'extrême frontière et sans cesse en patrouille. Je l'accompagnai jusqu'à la limite du territoire, et cette promenade, non sans danger, me donna par la suite l'idée d'écrire et de publier un roman qui a paru en 1856 dans le *Constitutionnel* sous le nom du *Volontaire de Zumalacaraguy*.

Mon frère, fort bien accueilli, fut placé comme sous-lieutenant au 5° bataillon de Navarre, y devint capitaine puis *subteniente colonel* (lieutenant-colonel), fut décoré de la croix de Saint-Ferdinand

et fit campagne sous les ordres du colonel Don
Pablo. Sans, un des meilleurs chefs de l'armée
carliste. A Oviedo, où il entra avec son bataillon,
il fut assez heureux pour préserver du pillage le
palais d'une noble femme, la marquise de la
Rosa. Il sauva l'honneur de sa fille ; mais les carlistes surpris ayant été contraints à une brusque
retraite, il fut blessé près de la ville d'une balle
qui lui brisa la clavicule de l'épaule droite. Transporté à l'hôpital d'Oviédo par les christinos, il
allait être fusillé lorsque l'intervention de la marquise de la Rosa lui sauva la vie. On voulut lui
désarticuler l'épaule, il refusa, guérit à peu près,
mais sans recouvrer entièrement l'usage de son
bras.

Il put toutefois revenir en France avec un
fidèle serviteur, soldat au 5° de Navarre, son ordonnance. Après le traité qui suivit l'infâme trahi-
son de Maroto, mon frère ne voulut pas, malgré
la sollicitation de la marquise de la Rosa et quoi-
qu'il pût avoir alors la certitude d'être placé,
avec son grade, dans la garde, abandonner la

cause perdue, pour l'instant, de Don Carlos, et
embrasser celle de la reine. Je viens de prononcer le nom de Maroto, le Judas de l'Espagne ; une
anecdote qui m'est personnelle, sur ce misérable.

Un après-midi, je reçus par un exprès un mot
de mon père pour venir immédiatement le trouver au cercle de Bayonne. J'y courus. Mon père
me dit d'aller prévenir la marquise de Santos-Ladron que la police française avait appris que le
général Maroto se trouvait à Ellisade prêt à franchir la frontière pour prendre le commandement
en chef de l'armée carliste, Zumala étant mort de
sa blessure ; qu'un détachement de troupes de
ligne était commandé pour aller, avec un agent de
police, entourer et fouiller le château ; que le général espagnol n'avait donc qu'à s'esquiver au
plus vite. Mon père avait pensé, avec raison, que
s'il se rendait lui-même à Ellisade, il éveillerait
les soupçons, tandis que le même danger n'était
pas à craindre avec moi. Je pris mes jambes à
mon cou, d'autant qu'il ne fallait pas me prier
pour aller aux lieux habités par la belle marquise

et par la jolie Mathéa... J'avais vingt ans... J'ex-
pliquai aux habitants d'Ellisade l'objet de ma
mission, et sans me rendre compte que j'allais
peut-être compromettre ma carrière, moi déjà
presque officier dans l'armée française, sous un
gouvernement hostile au parti carliste, je propo-
sai à Maroto, que l'on avait prévenu, et qui était
descendu au salon, de le mener par la montagne
du pays basque à un cottège où il trouverait un
guide pour le faire passer en Espagne. L'orgueil-
leux, lâche, imbécile et traître général me dit qu'il
allait revenir. Il monta s'affubler de son uniforme, de ses décorations, et descendit nous rejoindre. Je crus qu'il était devenu fou. — Un général espagnol, me dit-il en mauvais français, ne
saurait rentrer dans son pays comme un trans-
fuge.

— Hé bien, lui dis-je alors, mon général, vous
pouvez partir avec qui vous voudrez, ce n'est pas
moi qui vous guiderai. La marquise et sa sœur
eurent toutes les peines du monde à le faire revenir sur sa résolution, du moins en apparence, car

franchement, je crois qu'il voulait seulement faire ce qu'on appelle de *l'esbrouffe*, à moins que son intention secrète fût de se faire arrêter et interner dè nouveau à Tours ou à Bourges, pour ne pas courir les dangers de la guerre (il était assez lâche pour cela). Il prit un déguisement basque et je le menai au cottège, où je le laissai aux mains du guide qui avait accompagné mon frère.

On sait ce qui advint. Cet infâme coquin trahit, pour de l'argent, son roi, qui n'eut pas la force de le faire arrêter. Le malheureux prince n'osa même pas sauver de la mort plusieurs de ses meilleurs serviteurs, au nombre desquels le brave et fidèle don Pablo Sans, colonel du 5⁰ de Navarre, que l'assassin Maroto fit fusiller !...

Nous vîmes repasser à Bayonne les débris des pauvres et héroïques bataillons de l'armée carliste. La marquise et sa sœur furent internées à Mont-de-Marsan.

## II

Je reçus au mois de mars ma nomination de sous-lieutenant au 52ᵉ de ligne, avec ordre de le rejoindre dans une assez triste garnison du Midi.

Le colonel commandant alors ce régiment avait la réputation très bien établie d'être le chef le plus désagréable, le plus *chien* de l'armée française. Le 52ᵉ m'offrait donc peu d'attraits. Je résolus de l'éviter. Au lieu d'attendre la limite de mon congé, je me dirigeai immédiatement sur Paris. Je descendis rue de Grenelle-Saint-Honoré, au vieil hôtel des Quatre-Fils-Aymon, dont je connaissais l'aubergiste par la famille de mon ami de la Barre. Je fus trouver le commandant Liadières, alors officier d'ordonnance du roi et très

14

bien en cour. Je lui racontai que mon intention
était de travailler pour être admis à l'École d'état-
major, s'il pouvait me faire obtenir l'autorisation
de rester à Paris jusqu'aux examens (mois d'août).
Liadières, qui avait des obligations à mon père,
qui adorait mon frère et m'aimait beaucoup, m'as-
sura que rien ne lui était plus facile et plus
agréable que de seconder mon projet. Il me donna
immédiatement une lettre pour son ami le colonel
Naudet, premier aide de camp et chef de cabinet
du maréchal Soult, alors ministre de la guerre.
Le colonel, officier d'état-major instruit et très
bon, me reçut à merveille, envoya dans les bureaux l'ordre de m'expédier, au nom du ministre,
un congé sans date, d'écrire à mon régiment,
le 52e, et il poussa l'obligeance jusqu'à m'assurer
que je n'aurais à m'occuper de rien pour les dé-
marches militaires. Je fus remercier Liadières. Ce
dernier m'engagea à prendre un maître pour diriger mes travaux et me donna une lettre que je
portai immédiatement à M. Guérard, professeur
des princes d'Orléans, alors connu à la cour du

roi et dans l'armée entière sous le nom unique
du *professeur*, comme si lui seul dût être en possession de ce titre.

Rien de bon, d'excellent, de charmant comme
le *professeur*. Il avait résolu le problème de
rendre agréable et presque poétique l'étude si
aride des mathématiques spéciales. Ce qu'il a
fait recevoir de jeunes gens aux écoles militaires
n'est pas croyable. Tous sont restés ses amis, à
commencer par les fils du roi Louis-Philippe.

— Liadières vous recommande à moi, me dit-
il après avoir lu la lettre. Je me charge volontiers
de vous faire admettre. Êtes-vous fort ?—Pas trop.

— Voulez-vous passer au tableau. Il m'intro-
duisit dans la salle d'étude. Je pris de la craie et
répondis de mon mieux devant quelques élèves
alors réunis et auxquels il faisait le cours interrompu par moi. En voyant mon air décidé, le professeur avait souri et me dit après un court examen :

— Vous n'en savez pas bien long. — Parbleu,
monsieur, répondis-je, si j'en savais long, je ne

demanderais pas à prendre des leçons. — Ah !
c'est juste s'écria le professeur. Une question
encore. Êtes-vous décidé à travailler? — Sans
doute, sans cela pourquoi viendrais-je vous en-
nuyer? — Allons, vous avez réponse à tout. Nous
nous mettrons à l'ouvrage dès demain. — A mon
tour, monsieur, à vous faire une question. —
Faites, mais appelez-moi *professeur.* Je le menai
dans un coin de la salle d'étude. — La bourse
d'un sous-lieutenant n'est pas lourde, lui dis-je,
professeur. — Je le sais, mon jeune ami ; vous
me donnerez ce que vous pourrez, rien si vous ne
pouvez pas, vous me plaisez trop pour que je
vous abandonne.

Tout étant ainsi convenu avec l'excellent homme,
je me mis sérieusement à l'étude. Je fis quelques
progrès assez rapides, grâce à l'habile et patient
enseignement du savant professeur. Je m'étais logé
dans une petite chambre de la rue Gît-le-Cœur, rue
dans laquelle habitait Guérard, au n° 10, chez un
professeur d'histoire nommé Martin. Je n'avais que
deux pas à faire pour être en classe. Bientôt deux

jeunes officiers de cavalerie et un élève de ma promotion, attirés par moi, vinrent également étudier
chez le professeur. L'un était M. Pourcet, qui, sorti
un des premiers de sa promotion de l'École d'état-
major, est aujourd'hui général de division; l'autre,
le fils du général d'artillerie baron Bon de Lignim,
qui est mort capitaine, professeur d'équitation à
l'École d'application d'état-major; l'élève de Saint-
Cyr était mon ami de la Barre. Parmi les autres
élèves de Guérard, mais 'étudiant pas pour l'état-
major, se trouvait un aimable garçon, M. de Portalis,
qui est aujourd'hui conseiller maître à la Cour des
comptes, où je l'ai retrouvé et un des doyens, et
Charles Bocher.

Au bout de trois mois et à l'approche des examens, le professeur me défendit de travailler avec
tant d'ardeur et m'ordonna d'aller au théâtre, de me
distraire; il craignait que je ne finisse par tomber
malade. Enfin arriva le moment critique : les vingt
premiers de Saint-Cyr et quinze officiers de divers
corps, parmi lesquels j'étais, concoururent pour les
vingt-deux places de l'École.

14.

Je fus reçu le vingt et unième ou avant-dernier, et encore grâce à mon brillant examen sur l'histoire et à la facilité avec laquelle je rédigeai la question d'art militaire qui nous fut donnée. Pourcet, de Lignim, de la Barre, furent également admis. Parmi nos juges, heureusement pour moi, on comptait le colonel d'état-major Marnier, chef d'état-major du général Pajol, commandant Paris et la 1re division. Marnier avait débuté à Bourges, en 1804, à l'état-major du colonel du Casse, mon père, alors chef d'état-major du général Lepic. Il me protégea de tout son pouvoir et je crois bien que je lui dois un peu de mon admission. Un autre colonel me fut également favorable, M. Reveu, qui devint général de division; je parlerai de lui plus loin.

Celui qui a mis sa première robe d'avocat, qui a coiffé sa première toque de magistrat, qui a palpé sa première épaulette d'officier, me comprendra quand je lui dirai le bonheur que nous eûmes, les trois Guérard et moi, à nous insérer dans notre tunique d'état-major, tellement serrée que nous ne

respirions qu'à peine. Puis, attachés à un grand
sabre de cavalerie, le petit chapeau-lampion du
grand homme fièrement placé en bataille sur notre
tête, ayant chaussé la botte armée de gigantesques
éperons jaunes à faire rougir le Chabir arabe, nous
nous présentâmes chez le professeur, qui nous em-
brassa tous en nous complimentant. Un souvenir
de cette époque. La veille de nos examens, par une
admirable journée, nous étions dans la salle d'étude
de la rue Gît-le-Cœur, lorsque tout à coup un grand
bruit se fait entendre dans l'escalier, puis la porte
s'ouvre avec fracas et trois jeunes gens sautent au
cou de Guérard en lui criant : « Professeur, cher professeur, le père n'y est pas, notre voiture est en
bas, nous partons pour la chasse; vite, vite, votre
fusil, nous venons vous chercher. C'étaient les ducs
d'Orléans, d'Aumale, et le prince de Joinville. —
Impossible, mes enfants, répond le professeur, ces
messieurs ont besoin de moi. — Oh! pour une fois,
dit le prince de Joinville s'adressant à nous. —
Monseigneur, reprend le petit de Lignim (il n'avait
pas la taille réglementaire du soldat d'infanterie),

nous avons besoin du professeur. — Oh! prêtez-
nous-le. — Non, Monseigneur, dit alors Guérard,
laissez-nous, ces jeunes officiers passent leurs éxa-
mens demain. Bonne chasse, mais je ne les abandonnerai pas aujourd'hui. » Les trois princes par-
tirent, et nous conservâmes pour nous seuls le
professeur, qui cependant adorait les fils du rōi et
aimait beaucoup la chasse.

# III

## LA CHAMBRE, LE BUDGET DE L'OFFICIER-ÉLÈVE — LE DINER DE RÉCEPTION.

Le 1ᵉʳ janvier 1836, je me présentai au général Miot, nommé commandant de l'École d'état-major en remplacement du marquis de Lachasse de Vérigny, une des victimes de l'attentat Fieschi. Le général Miot était le parent très proche du Miot Mélito, longtemps employé en Espagne auprès du roi Joseph, qui a fait imprimer deux volumes intéressants sur cette époque, et dont les manuscrits m'ont été utiles lorsque j'écrivis les *Mémoires du Roi Joseph*. On nous donna, pour mon camarade de la Barre et pour moi, une petite chambre, et nous commençâmes ensemble un ménage fort uni, mais peu fortuné, attendu que nos appointements, à cette époque, montaient à 84 francs par mois, sur les-

quels nous avions à nous fournir de tous les usten-
siles de bureau, vêtements, tenue militaire et bour-
geoise, et à payer notre *huitième* de domestique.
De la Barre et moi avions chacun une cinquantaine
de francs par mois de pension de nos familles. Il
fallait avec cela faire face à tout. Nous y parvîn-
mes sans faire de dettes, grâce à une stricte économie et à un ordre parfait. Un seul plat de 75 cen-
times pris dans un petit restaurant touchant l'École,
un petit pain et une fiole de vin des plus ordinai-
res constituaient notre repas du matin, pris en
commun dans notre chambrette de sous-lieutenant,
qui avait beaucoup d'analogie avec celle de la ba-
raque de l'officier dans les camps d'instruction. Le
soir, lorsque nous étions en fonds, nous dînions au
*John Bull*, restaurant à 1 fr. 25, place des Pyra-
mides, qui existe encore. Les Bouillons-Duval
n'étaient malheureusement pas inventés.

Mon ami de la Barre était d'une bonne famille
normande habitant la jolie petite ville des Andelys.
Son père, le comte de la Barre-Nanteuil, ancien
officier supérieur en retraite, officier de la Légion

La chambre de l'officier-élève. — Le budget du sous-lieutenant.

d'honneur, chevalier de Saint-Louis, avait des parents riches à Paris. Moi-même j'étais considéré comme un fils dans une des grandes maisons du faubourg Saint-Germain, celle de la vieille et noble marquise de Fontenilles, dont le fils, Honoré, général, un des aides de camp du Dauphin, était l'ami intime de mon père, et dont le neveu, le colonel des chasseurs de l'Isère, avait été marié, par ma mère, à une La Rochefoucault, à Nevers. La Barre me présenta chez ses parents, je le présentai chez la bonne marquise, et souvent les deux jeunes officiers-élèves étaient invités à dîner dans ces familles. La Barre avait l'estomac aussi complaisant que nos bourses étaient plates, je ne dédaignais pas un bon dîner, on accueillait volontiers les deux amis. Nous trouvions donc repas excellent, avec économie pour nos finances, dans les maisons où notre bonne fortune nous avait introduits. Mon camarade, bon gros garçon sans souci, jovial, plein d'esprit et moi, n'engendrant pas la mélancolie, nous payions volontiers notre écot de notre mieux, amusant nos convives par notre gaieté, nos his-

toires, nos conversations animées. On nous voyait
toujours arriver avec plaisir.

J'eus l'occasion de connaître chez la vieille et
spirituelle marquise de Fontenilles qui vivait avec
sa fille, la chanoinesse Césarine, plusieurs personnages du noble faubourg, commensaux ordi-
naires de l'excellente femme, entre autres le comte
Eynard de la Tour du Pin Chambly, qui nous
avait précédé à l'École d'état-major et qui mourut
des suites de blessures reçues, en 1855, à l'assaut
de Malakoff; le marquis de Louvois, le comte de
Saint-Marsaut, la vieille marquise de Bonchamps,
la veuve du général vendéen qui, elle-même, avait
fait la guerre et suivi son mari dans le Bocage.

Ces braves gens, dont le plus jeune possédait
plus de *lustres* que la Barre et moi nous n'avions
d'années, venaient, presque tous les soirs, faire le
wisht de la marquise. C'est dans ce salon que je
puisai le principe de ce jeu attrayant et difficile.
J'étais à bonne école, car on jouait bien et très
sévèrement. On se disputait souvent et l'on doit
penser si je reçus de tout ce monde de nom-

breuses rebuffades, lorsque je fus assez audacieux
pour tenir les cartes. La Barre ne m'imita pas, il
se montra toujours réfractaire à tous les jeux, savants ou non. Il y avait parmi les joueurs de la
marquise un ancien officier supérieur de la garde
royale, M. Doussot, qui wisthait fort bien, mais
grondait toujours. Un beau soir, il se prit de bec
avec Mᵐᵉ de Bonchamps ; les choses allèrent si
loin que la veuve du Vendéen proposa sérieusement la botte à l'officier. Un fou rire accueillit la
proposition, mais on eut de la peine à faire
accepter des excuses à la Vendéenne et à lui faire
rengainer sa bonne lame de Tolède. Me voit-on
témoin de la vieille marquise de Bonchamps, allant
sur le terrain auprès d'elle ?

Quelques jours après notre arrivée à l'École,
nos anciens, au lieu des sottes brimades de
Saint-Cyr, nous offrirent au Palais-Royal un bon
et gai dîner où les vins ne furent pas épargnés.
J'avais près de moi un des trois élèves de l'École
polytechnique reçus à l'École d'état-major. C'était
un mathématicien distingué qui ne resta pas au

service et est devenu un chimiste des plus savants. Il buvait comme un trou ; je cherchai à
calmer sa soif, je n'y pus parvenir ; si bien qu'a-
près le café, il était, comme on dit vulgairement,
rond comme une balle. Je revins à l'École et je
commençais à m'endormir, lorsque j'entendis dans
le corridor comme un crochetage de porte. Ce ne
pouvaient être des voleurs cherchant à s'introduire
dans un établissement habité par cinquante officiers. Je me lève et je vois alors mon voisin du
dîner, une lumière de la main gauche, la clé de sa
chambre de la main droite, titubant, examinant
sa serrure et lui disant : — Tu as beau faire,
je t'attraperai.

Après avoir ri un instant de cette scène de
buveur, je demandai à mon excellent camarade
la permission de l'aider. J'ouvris la porte, l'intro-
duisis dans la chambre et lui souhaitai le bonsoir.

— Vous êtes un bon b..., me dit-il ; entre nous,
c'est à la vie et à la mort.

# IV

L'EXISTENCE JOURNALIÈRE À L'ÉCOLE D'ÉTAT-MAJOR —
LE MANÈGE CHOPIN — LE COSAQUE — LES ÉTUDES.

A la rue de Grenelle, notre vie était des mieux
réglées, mais les études n'étaient pas fortes. Elles
étaient surtout théoriques et pas assez pratiques,
pour une école dite d'application.

Le matin, à cinq heures, un tambour battait
le réveil. Une des deux promotions, à tour de
rôle, composée de vingt-cinq officiers dont trois
sortaient de l'École polytechnique admis sans
examen, et vingt-deux de Saint-Cyr et des régiments, partaient pour le manège qui se trouvait à
l'entrée du Luxembourg et qui, sous la raison so-
ciale Chopin et compagnie nous fournissait, à
raison de 1 fr. 50 par cheval, les plus abomina-
bles ou les plus vicieuses rosses de la terre.

Lesdites rosses amenées dans le manège étaient
tirées au sort, chaque cavalier enfourchait la bête
désignée et se premenait en cercle, au pas et au
trot. L'été, la première division se rendait au
Champ-de-Mars pour simuler l'école d'escadron.

Tout cela était pauvre et fournissait à l'armée
de fort médiocres cavaliers. Jamais Chopin, trop
peu payé d'ailleurs par le gouvernement, ne dé-
pensait pour un cheval plus de 200 à 300 francs.
Les uns ruaient, les autres se cabraient, beaucoup
boitaient. Il y en avait qui se roulaient, qui re-
fusaient tout service. Je me souviens de deux
bêtes exceptionnelles : un cheval hongre, reste de
cheval de course anglais, nommé le *Cosaque* et
qui, maigre comme un clou, n'était jamais fatigué.
Le dimanche, loué à un calicot, il allait jusqu'au
Bois, se débarrassait de son cavalier et revenait
tranquillement au manège recevoir son avoine,
ayant gagné à Chopin une course de 10 francs
payés d'avance.

C'était habituellement la monture de l'élève

École d'état-major. — L'officier-élève sur le *Cosaque*.

chargé de commander l'escadron au Champ-de-Mars, l'été. Le Cosaque était sage, pourvu qu'à la pose on lui donnât sur une assiette un bon verre d'eau-de-vie qu'il lampait avec volupté. La seconde bête, jument de sang, blessée jadis sur la croupe avait nom la *Chatouilleuse*. Pleine de vigueur, si son cavalier n'avait pas d'assiette ou s'appuyait trop sur l'arrière-main, elle ruait à le désarçonner; j'aimais beaucoup cette bête qu'il fallait savoir mener avec précaution, mais dont les allures étaient splendides. Depuis ma promotion et celle de mes conscrits, le ministre de la guerre, sagement inspiré, a créé pour l'École d'état-major un beau manège avec chevaux de sang. L'École, depuis sa suppression, sous le ministère Farre, a fourni à l'armée d'excellents écuyers. De mon temps, les cavaliers passables se comptaient.

Or, l'équitation est de nécessité première pour le service d'état-major. J'étais hardi et j'aimais l'exercice du cheval; aussi n'ai-je jamais péché par là dans mon service; mais j'ai connu dans ma promotion et dans celles de mes anciens de

15.

braves jeunes gens très instruits, fort intelligents, incapables d'aucun service de camp ou de guerre, par suite de l'impossibilité où ils étaient de se maintenir en selle et par leur frayeur du cheval. Les élèves de la division n'allant pas au manège étaient censés se livrer l'étude et travailler dans leurs chambres ; de fait, tout le monde dormait jusqu'à l'heure du déjeuner. Venait ensuite le cours d'une faculté quelconque et je dois dire que, de mon temps, les facultés étaient assez mal choisies et assez mal enseignées ; de la théorie, toujours de la théorie, jamais de pratique, si bien qu'un jeune officier sortant de l'École d'application eût été hors d'état d'appliquer sur le terrain, à l'art de la guerre, ce qu'on lui avait appris sur les bancs pendant deux années consécutives. Une bonne moitié de la journée était occupée à des travaux graphiques, c'est-à-dire à copier des cartes, des plans, des reliefs ou bien à faire des lavis représentant l'ombre portée d'une sphère, d'un trou de loup ou autres exercices du même genre et à peu près aussi utiles. Deux fois par an, pendant un mois, on envoyait les officiers-élèves lever des plans, reconnaître le terrain. Cet exercice, si essentiel pour le corps d'état-major, était fait sans soin, mal surveillé par les officiers qui conduisaient et devaient guider les jeunes topographes. En un mot, cours inutiles, médiocrement, insuffisamment faits par des professeurs qui, une fois leurs leçons apprises et débitées, ne se donnaient plus la peine de les rectifier, de les augmenter, de les modifier.

Il en résultait que l'individu le mieux classé à sa sortie était, souvent, non pas le plus intelligent, le plus capable, mais celui qui avait le bonheur de posséder la mémoire la plus heureuse et qui avait le plus d'aplomb en présence de la commission d'examen. Dans le cours de ma carrière, j'ai été appelé à me rendre compte de l'intelligence avec laquelle on opérait pour le choix des professeurs. Un concours eut lieu en 1856 pour la place de professeur d'art et d'histoire militaire à l'École d'application. Trois officiers se présentèrent. L'un d'eux, de qui je tiens ce qui va suivre, crut qu'on allait lui dire de rédiger son cours, de le présenter au comité d'état-major et de professer devant l'aréopage une ou plusieurs leçons. Il n'en fut pas ainsi. On lui déclara que les examens se composaient de trois épreuves. La première consistait à tirer dans le chapeau du secrétaire de la commission un numéro sur lequel était inscrit la question à traiter oralement et sans préparation. Le bulletin qu'il tira portait ceci : De l'artillerie et de tout ce qui s'y rapporte. Qu'est-ce que c'est que l'artillerie? lui dit le président.

Notre officier, un peu gouailleur, répondit plaisamment : « L'artillerie, c'est une collection d'instruments plus ou moins gros avec lesquels on lance des projectiles plus ou moins pesants pour tuer le plus de monde possible ou abattre des murs. Seconde épreuve : On lui donna un beau cahier de papier blanc en lui disant : Écrivez la campagne de 1809.

Notre homme demande la permission de s'entourer de cartes, de plans, d'ouvrages militaires.

— Allons donc, lui dit-on, vous devez savoir tout par cœur, vous n'aurez rien. Alors, dit-il, c'est un examen de mémoire que vous me faites subir, et il broche au galop une petite campagne anodine. Troisième épreuve : Demain, lui dit-on, monsieur, vous serez appelé à professer devant la commission une leçon.

— Ah! enfin, pensa-t-il, je vais donc avoir à faire quelque chose ayant le sens commun. Il sort du dépôt de la guerre, déploie le papier qu'on lui a donné et qui relate la leçon à professer pour laquelle on lui a donné un loisir de *vingt-quatre heures*. Son étonnement est au comble lorsqu'il lit : De la tactique et de tout ce qui s'y rapporte. Il arrive le lendemain, s'assied, fait fondre le sucre dans le verre d'eau qu'on lui a préparé et, l'ayant avalé, il commence ainsi : « Le cours d'art et d'histoire militaire de l'École d'application d'état-major comprend quatre-vingts leçons, quarante relatives à la stratégie, quarante relatives à la tactique. Comme il ne m'est pas possible de résumer en une leçon les quarante de tactiques, je préfère ne rien dire. » Il se lève, salue et se retire. — Messieurs, dit un des généraux membres du conseil, le commandant un tel s'est foutu de nous. — Il n'avait pas tort.

Disons cependant que l'instruction acquise à l'École d'application pouvait être fort utile à ceux de ces jeunes officiers-élèves qui voulaient bien travailler à la sortie de ladite École.

# V

## LES PROFESSEURS — LES PLANS.

Nos professeurs, à l'exception de ceux chargés d'enseigner la langue allemande, étaient tous des officiers du grade de capitaine ou de chef de bataillon, choisis et désignés par le ministre de la guerre, la plupart du temps sur des recommandations de personnages influents, bien aises de conserver près d'eux des officiers souvent trop jeunes et trop peu expérimentés pour bien faire les cours dont ils étaient chargés, et désirant avant tout être maintenus à Paris dans une bonne et agréable position.

Deux ou trois autres, vieillis dans les écoles, étaient trop âgés pour se tenir au courant des inventions et des perfectionnements relatifs au grand

art de la guerre. Ils se bornaient à débiter leurs
cours à heures et jours fixes, comme ils le faisaient
depuis des années, sans chercher à y apporter les
modifications nécessitées par le progrès.

Notre professeur d'art et d'histoire militaire,
jeune et brillant capitaine du corps d'état-major,
neveu d'un des éminents généraux d'artillerie du
premier Empire, s'énonçant avec facilité, mais
ami du plaisir et ayant un bagage spécial des
plus légers, avait le grand talent de parler pendant une grande heure avec beaucoup de *brio*
pour ne rien dire. Nous avions résumé ses leçons
par cette phrase : *Cela dépend de la nature du terrain et des circonstances atmosphériques.* Sa pa-
resse était telle et sa conscience si large qu'il no-
tait souvent les élèves sans les interroger et en
raison des notes qu'ils avaient reçues dans les
autres cours, ce qui pouvait influencer sur toute
leur carrière.

Un autre de nos professeurs, savant officier supérieur du génie, auteur didactique ayant publié
de nombreux ouvrages sur la fortification, ancien

élève des Écoles polytechnique et d'application,
ayant fait la guerre du premier Empire, était tellement distrait que, parfois en débitant son cours, il
répétait dix fois la même phrase et se mettait à
rire lui-même en voyant rire ses auditeurs. Je me
souviens d'une leçon sur les ouvertures de tranchées, où, après nous avoir expliqué comment on
procédait pendant la nuit, il ajouta : L'assiégé jette
des pots à feu pour éclairer le terrain, car la nuit
on n'y voit pas clair, non la nuit, savez-vous, il ne
fait pas clair, et comme il nous avait répété, sans
même s'en apercevoir, à satiété que la nuit on n'y
voit pas, vérité digne de celle de M. de la Palisse,
la leçon fut interrompue par un rire homérique
auquel il prit part lui-même.

Un troisième était monstrueux au physique,
prédisposé par son embonpoint au sommeil et
s'endormait parfois en professant son cours. On
n'avait garde de le réveiller. Alors les uns se re-
tiraient dans leurs chambres, les autres se faisaient la barbe et à la fin de la séance, lorsque le
tambour battait pour sortir, le brave professeur

se trouvait presque seul sur sa chaise, en face du tableau.

Je dois faire une exception en faveur d'un sous-intendant qui faisait son cours d'administration militaire avec une haute intelligence.

Quant aux cours pratiques fort restreints et dont le plus important était la levée des plans, les reconnaissances du terrain, les dessins d'après nature, ils n'étaient pas mieux entendus.

Le moment des plans était le moment le plus joyeux de l'École. Comme les levées ou recon-sances s'exécutaient toujours dans un rayon de Paris d'une trentaine de lieues où la carte d'état-major était faite et gravée au quatre-vingt millième, chaque sous-lieutenant-élève s'aidant de cette carte arrivait à produire son travail tant bien que mal ou tant mal que bien. Avec quelques prome-nades par le beau temps, dans la campagne à l'époque de l'année où elle offre le plus de charme, et en complétant son travail avec la carte de France dans les chambres soit de l'auberge, soit

du château où il avait reçu l'hospitalité, il attei-
gnait facilement son but.

Pendant mes deux années d'École d'état-major,
je fus au plan auprès d'Étampes, aux Andelys, à
la Ferté-Milon.

Étampes avait alors pour sous-préfet l'aimable
M. Bocher, pour sous-préfète sa non moins aimable femme. Ils accueillirent avec une grande bienveillance les jeunes officiers-élèves et leur chef de
section, capitaine attaché à l'état-major de l'École.
Nous faisions de jolies promenades à pied et à
cheval avec le jeune ménage, nous dessinions et
redessinions la Tour de Guinette ; nous visitions
les nombreux et beaux châteaux du voisinage, et,
le soir, la sous-préfecture nous offrait punch et
thé !

Aux Andelys, je fus logé chez le père de mon
ami de la Barre, et là ce ne fut que fêtes et festins
pour les sous-lieutenants-élèves.

Un jour, on dansait au grand Andelys ; le lendemain, au petit Andelys, tantôt chez les amis des
la Barre, tantôt chez les la Barre eux-mêmes. Une

autre fois, nous jouions dans les ruines du vieux château Gaillard, sur les bords de la Seine, le drame alors à la mode de Dumas, la Tour de Nesles, et nous avions pour spectateurs la société des deux Andelys. Chaque jour, nous faisions sur le fleuve de délicieuses promenades en bateaux, tirant des sarcelles, des culs-blancs et des martins-pêcheurs.

Je me souviens encore d'un épisode qui nous amusa beaucoup. La veille au soir de notre départ pour retourner à Paris, grand bal chez une voisine de la Barre, riche et excellente femme douée d'un embonpoint extravagant.

Pendant le bal, le bruit se répand tout à coup dans le salon que la maîtresse de la maison vient de perdre une énorme et magnifique broche ornée de beaux diamants. On cherche, on cherche, rien. La broche avait-elle été dérobée? Cela jette un froid.

Le lendemain, tous réunis au déjeuner d'adieu chez le père de de la Barre, nous nous entretenions de cette perte fâcheuse, lorsqu'on vient prévenir le

maître de la maison que la domestique de la dame
à la broche demande à lui parler. M. de la Barre
se lève de table et revient une minute après en
riant aux éclats et nous criant : Victoire ! la broche
est retrouvée.

Et où cela ?

Dans les estomacs de la propriétaire où elle
s'était égarée.

On conçoit si la fin du déjeuner fut égayée par
cette amusante nouvelle, naïvement racontée au
père de notre ami, par l'innocente servante de la
dame.

A la Ferté-Milon, nous étions près du magnifique château de Bourneville, appartenant au duc
de Poix-Noailles, personnage dont on raconte que,
voulant entrer un jour sous la tente de Napoléon I$^{er}$ et la sentinelle s'y opposant, il lui dit :
Je suis le duc de Poix. — Tu serais, lui répondit
le soldat, le roi des haricots que tu n'entrerais
pas.

De la Barre et moi, nous avions élu domicile au
tournebride du château où nous avions loué une

bonne et grande chambre à deux lits. Le lendemain de notre arrivée, nous fîmes notre visite au
château. Le jour suivant, par une chaleur acca-
blante, mon camarade et moi, absolument vêtus
en sauvages et même sans plumes sur la tête, nous
travaillions à préparer nos reconnaissances, debout, devant nos planchettes. On frappe. — En-
trez, crie la Barre.

La porte s'ouvre, et le duc nous surprend dans
le costume du premier homme au paradis ter-
restre.

— Messieurs, nous dit le duc, ne vous dérangez
pas ; je viens de la part de la duchesse vous demander de nous faire l'amitié de dîner ce soir à
six heures avec nous. Mons la Barre, sans se troubler, offre une chaise au duc. — Restez donc, je
vous en prie, lui dit ce dernier, regagnant la porte
en pouffant de rire, et reconduit par nous.

Le soir, la duchesse nous reçut le sourire aux
lèvres, nous donna un fort bon dîner et renouvela
souvent son aimable invitation à laquelle nous
étions d'autant plus sensibles que le repas était

excellent et que le vin de Champagne récolté dans les vignes du seigneur châtelain faisait la base de la boisson.

Notre départ de la Ferté-Milon fut des plus amusants. Notre section topographique se composait de huit jeunes officiers n'engendrant pas la mélancolie. Les chemins de fer étant encore inconnus à cette époque, nous frétâmes, pour notre retour à Paris, une immense guimbarde dans laquelle nous nous entassâmes tous, ayant, en plus, une veuve un peu sur le retour, mais encore assez jolie, dont la Barre avait fait la conquête, et une charmante modiste qui consentit à quitter le pays pour suivre un autre jeune sous-lieutenant sous prétexte de revenir dans sa famille. L'une était dans le coupé, l'autre dans l'intérieur. La route ne nous parut pas longue.

# VI

L'OPÉRA — ANECDOTE — UN AMUSANT DÉJEUNER —
ARNAL, JACQUES ARAGO L'AVEUGLE.

Pendant mon séjour à l'École d'état-major,
de la Barre et moi nous allions quelquefois au
théâtre, au parterre, modestement (le parterre vivait encore à cette époque et n'avait pas été
absorbé par les fauteuils d'orchestre, stalles, galeries, etc., etc.). Un jour, l'idée nous vint d'aller
entendre la *Muette*, chantée par Nourrit. Nous ne
pouvions sortir de l'école avant cinq heures. —
Je vais, me dit mon camarade, m'habiller pendant
la classe d'allemand ; à cinq heures précises, je dé-
campe, tu me trouveras à la queue, dans la galerie de la rue Lepeletier aux portes de l'Opéra, je
prendrai nos deux billets. — Et dîner ? — Nous
dînerons demain. (*Amour sacré de la patrie.*) Les

16

choses se passèrent comme il l'avait voulu ; à six
heures, j'étais rue Lepeletier, j'arrive, je vois en
tête de la queue deux grands bras qui s'agitent,
et une voix me crie : attends-moi. Au bout d'une
demi-heure, mon la Barre m'apporte un billet. —
Viens, on commence. Nous voilà bien installés sur
un des bancs du parterre, près des stalles. Le premier acte terminé, mon camarade se précipite hors
de la salle. Bientôt les musiciens rentrent, la toile
se lève, Nourrit va commencer le fameux duo :
*Amour sacré de la patrie*. Pas de la Barre. Tout à
coup, j'entends à la porte une violente discussion,
puis j'aperçois mon camarade, voguant d'épaule
en épaule tenant haut à la main son chapeau dans
lequel je distingue un énorme pain. Mon la Barre
ressemblait à un équilibriste. Un des patients sur
lequel il pose le pied, moins accommodant que
les autres lui bourre un vigoureux coup de poing
qui jette près de moi homme et chapeau. Je crois
à une rixe, pas du tout, mon camarade, s'étant
raccroché à une banquette, se retourne et dit tout
haut, le sourire aux lèvres :

— Merci, merci, encore un comme ça et je suis à ma place. L'orchestre et le parterre de rire et de battre des mains ; le duo est interrompu. La Barre revient près de moi, ramasse chapeau, pain et saucisson ; le calme se rétablit et le duo recommence. Il me propose alors de partager son dîner. Jamais je n'avais été si honteux.

J'ai dit que nous avions été invités souvent chez la marquise de Fontenilles et que j'y voyais le marquis de Louvois. C'était le dernier descendant mâle de l'illustre ministre. Propriétaire du château quasi-royal d'Ancy-le-Franc, il était fort riche, très écervelé, avait mené la vie à grandes guides, mangeant un argent fou, avait une grande dose d'esprit naturel et m'aimait beaucoup. Ayant la manomanie du théâtre, il avait écrit et fait imprimer quelques proverbes et charades assez médiocres et qui, cependant, ne manquaient pas d'un certain *brio*. Il se mit en tête de composer un vaudeville avec moi ; j'essayai et j'accouchai péniblement d'un petit acte dont j'ai oublié le sujet et le titre, mais qui était détestable et que le marquis et

moi nous trouvâmes délicieux. Il fut décidé que nous
porterions notre *factum* à Jacques Arago *l'aveugle*,
que nous le lui lirions et que le principal rôle serait offert à Arnal. M. de Louvois me mena chez
Jacques Arago, demeurant rue de Rivoli, n° 10,
sous les arcades, à l'entresol, au-dessous de l'appartement de la célèbre M^{lle} Mars qui avait alors
avec elle la plus jolie femme de Paris, M^{lle} Doze,
devenue actrice médiocre des Français et épouse
légitime de Roger de Beauvoir.

Arago prit jour avec M. de Louvois pour déjeuner, avec nous et Arnal, au café qui faisait le
coin de la rue de Chartres, près du Vaudeville, café
Parny, je crois, aujourd'hui détruit ainsi que toute
la rue. Je fis là le plus singulier et le plus amusant repas. Nous étions quatre. Un grand seigneur, un auteur en renom, l'acteur le plus en
vogue de Paris et moi, jeune sous-lieutenant. On
dépensa dans cette matinée beaucoup d'esprit, on
but beaucoup de bon vin et on se quitta avec la
promesse de se revoir. Il fut convenu que j'enver-
rais notre pièce à Arnal qui me ferait connaître

son opinion. L'amusant acteur, dont j'ai conservé
plusieurs lettres, oublia ma pièce dans une poche
de son paletot et finit par m'engager à la refondre.
Je fus plusieurs fois chez lui. J'y déjeunai même
un matin, et j'abandonnai l'idée de devenir auteur
dramatique.

Je me souviens d'une chose qui m'étonna beaucoup. Vers la fin de notre déjeuner chez Parny,
l'*aveugle* Arago nous fit sur la lame d'un couteau
très effilé les tours les plus difficiles et qu'un individu ayant de bons yeux n'eût pu effectuer sans
se couper. Il ne se donna pas la moindre entaille.
Arago écrivait toute la journée sur des feuilles de
papier passées dans un cadre de bois divisé en
compartiments par des tiges en fer placées hori-
zontalement. Un homme, dressé à ce travail, re-
cueillait les feuilles écrites au fur et à mesure
qu'il les jetait par terre toutes barbouillées, et les
transcrivait sans la moindre hésitation.

16.

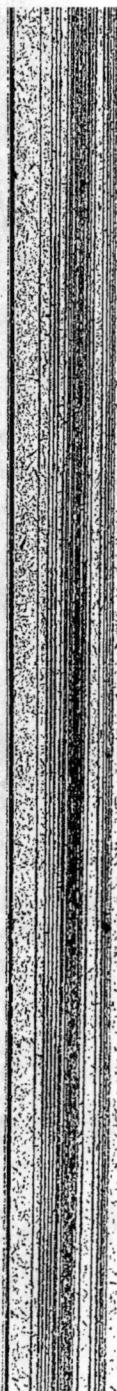

# VII

Pendant la seconde année de mon séjour à
l'École d'état-major, la Barre et moi nous eûmes
chacun notre chambre. Celle de la Barre donnait
sur la rue, elle était au premier étage, ses fenêtres
étaient à peine élevées de 6 à 7 mètres au-dessus
du sol. Comme nous ne pouvions obtenir de permission de la nuit ; qu'il nous fallait rentrer chaque soir à l'École à onze heures, tout au plus à
minuit avec une autorisation spéciale ; comme
nous étions jeunes et que nous avions un désir
immodéré de prendre part aux bals de l'Opéra, à
cette époque en grande vogue, le projet fut arrêté
de décamper la nuit par sa fenêtre, au moyen
d'une échelle de corde que nous fabriquâmes assez

habilement et cachâmes sous ses matelas. A plusieurs reprises nous usâmes de ce procédé pour nous affranchir des lois de l'École. Vers minuit, lorsque tout paraissait calme dans la rue de Grenelle, lorsque la lune ne pouvait nous trahir, nous décampions à petit bruit, sans tambour ni trompette, nous, et bien d'autres de nos camarades, puis un ami qui ne voulait pas nous imiter, repliait l'échelle, la rentrait, couchait dans le lit de la Barre et nous la rejettait le matin, avant l'aurore, au signal que nous lui donnions de la rue.

Le mardi gras, il m'arriva une aventure qui faillit nous perdre et éventer la mèche. Nous avions décampés par la bienheureuse fenêtre, de la Barre déguisé en débardeur, moi alors petit et fort mince, revêtu d'un domino noir, qui me donnait l'aspect d'une jeune femme.

Nous restâmes de minuit à quatre heures au bal de l'Opéra et nous allions, après un galop infernal dans lequel nous bousculions tous les couples, prendre un fiacre pour revenir à l'École, lorsque j'aperçus un de nos camarades de Saint-

Au bal de l'Opéra.

Cyr, le comte de C... depuis préfet, fort joli garçon et très coureur. — Parbleu, dis-je à mon ami,
il serait plaisant de me faire donner à souper par
ce fat de C... Je vais l'agacer et il se croira en
bonne fortune. Quel malheur que tu ne puisse
également passer pour une femme. Je commençais
aussitôt mes lutineries ; de C... mordit à l'hameçon
et je n'eus pas grand effort à faire pour qu'il me
menât souper ; mais le gaillard voulait un cabinet
particulier ; je refusai prétextant de ma vertu, de
mon titre de femme du monde mariée, venue au
bal à l'insu de mon époux, dans l'espoir de le
rencontrer, lui de C..., le monstre pour lequel on
avait de la bienveillance. Je voulais bien accepter
une aile de perdreaux ou de volaille, un verre de
vin de Champagne au buffet, sans ôter mon masque
et en lui promettant, s'il était sage, qu'il serait
récompensé. Je lui parlai de plusieurs personnes
dans les maisons desquelles je savais qu'il allait,
et où, disais-je, je l'avais rencontré. Enfin, je lui
déclarai que je me ferais connaître à lui, le samedi
suivant dans une soirée d'Italiens chez la comtesse

de V... « Mais je n'y suis pas engagé, me dit-il.
— Vous le serez dès demain, je serai sur le troisième banc, en vous voyant, je placerai mon éven-
tail sur ma joue droite. A ce signe vous me re-
connaîtrez et viendrez me faire votre cour. Mon
mari doit partir dans deux jours, pour un mois.
Il va à sa terre en Bretagne ». Mon camarade, ravi,
accepta toutes ces propositions, nous fit servir
pour nous deux, au buffet, un excellent petit
souper fin que j'absorbais en soulevant la barbe
de mon masque, et me quitta vers cinq heures en
me serrant la main et en me faisant les déclarations
les plus brûlantes. De la Barre, qui ne nous avait
pas perdus de vue, vint me rejoindre riant comme
un fou et me pressant de partir, mais moi, alléché
par mon facile triomphe et apercevant sur une
banquette un de nos colonels d'état-major, M. R...,
depuis général de division, encore jeune et que
l'on disait fort galant, je déclarai à la Barre que
je voulais ajouter cette conquête à celle de C...
Sans écouter les sages remontrances de mon ami,
je m'approchai du colonel, j'entamai avec lui une

conversation demi-légère, je me laissai prendre la
taille et conduire au foyer. J'eus l'infamie de donner par derrière des coups de pieds à tous les
groupes que nous rencontrions, en sorte que le
pauvre colonel, qui cherchait à me protéger, recevait maintes bourrades. Je daignai accepter des
glaces, mais bientôt j'aperçus la Barre me montrant l'horloge et me faisant des gestes désespérés.
Je voulus prendre congé du galant colonel. Il déclara qu'il ne me quitterait pas et me ramènerait
chez moi. Bref, pour m'en débarrasser, je fus contraint de m'engager sur l'honneur à lui écrire le
lendemain pour lui faire savoir qui j'étais. Enfin,
mon camarade, deux autres officiers venus avec
nous, et moi, nous pûmes quitter le bal. A cinq
heures trois quarts nous étions au pied de l'é-
chelle. Nous grimpâmes lestement, ôtames nos
costumes à la hâte et revêtîmes nos uniformes
pour aller au manège.

Il était temps, le tambour avait battu la diane,
nos camarades descendaient dans la cour pour
l'appel du matin. Cinq minutes plus tard, nous

étions perdus. Nous partîmes pour le manège, je
n'avais pas pu ôter mon corset tout bourré de coton, j'étouffais. Il pleuvait. Je montai à cheval
sans le moindre enthousiasme. Mon coursier non
fougueux et moi nous dormions l'un portant l'autre.
Après la séance, de la Barre voulut que nous al-
lassions chez de C... qui demeurait près du manège Chopin. Nous eûmes alors le plaisir d'entendre notre jeune fat encore au lit nous raconter,
dans tous ses détails et en les amplifiant, ses
succès de la nuit. Une seule chose l'avait un peu
mis sur l'œil, sa conquête mangeait fort et buvait
ferme pour une femme du monde.

Nous décidâmes en sortant de chez de C... que
nous le ferions engager chez la comtesse de V...
par son frère, un de nos amis, au concert des
Italiens qu'elle devait donner, et que là, je me dé-
voilerais à l'avantageux sous-lieutenant. J'écrivis
aussi au colonel auquel 'avjais engagé ma parole
d'honneur.

De C... ne se fâcha pas ; j'eus de la peine à le
désabuser. Quant au bon colonel, il rit de l'aven-

ture et me fut très favorable à mes examens de
sortie d'école, car il était un des membres du comité chargé de notre sort.

Cependant, l'affaire du bal de l'Opéra s'était un
peu ébruitée, le général Miot sut que plusieurs de
ses élèves avaient été à ce bal. Pendant la récréation de midi, il vint dans nos chambres pour nous
recommander de ne pas le forcer à nous punir.
Mon domino était encore sur mon lit, je n'eus que
le temps, lorsque le bon général entra, de fermer
mes rideaux.

Une autre fois, la fameuse fenêtre de de la Barre
donna lieu à une autre aventure. Un de nos camarades, mort tout récemment général, et qui avait
été longtemps aide de camp de l'Empereur, Waubert de Genlis, homme du monde, plein d'esprit,
vint nous prier de lui prêter pour le soir notre
échelle de corde et le passage par la chambre. A
onze heures, notre homme arrive en habit, cra-
vate blanche, etc.

Il était invité à un bal où il savait trouver une
jeune femme qui lui tenait au cœur. Au-dessous

de la fenêtre de de la Barre se trouvait un grand
tonneau de quatre pieds d'élévation servant pour
l'eau à donner aux chevaux de fiacre stationnant
près l'École d'état-major. En face de ladite fenêtre,
étaient celles de l'appartement d'un de nos capitaines. Ce soir-là, il faisait un magnifique clair de
lune. En vain nous fîmes observer à Waubert de
Genlis le danger qu'il va courir, rien ne peut le
retenir, il descend les premiers échelons puis saute
à terre, mais il manque son coup, tombe au beau
milieu du grand tonneau. Notre homme, après
cette baignade nocturne ne se trouble pas, il re-
monte dans la chambre de de la Barre, lui em-
prunte ses habits (ils étaient de la même taille),
repasse par la fenêtre, monte en fiacre et se fait
conduire à son bal. Le capitaine avait été témoin
du plongeon, il aperçoit notre homme redescen-
dant, et cette fois évitant le malencontreux tonneau. Il fut tellement en admiration de ce trait,
qu'il n'eut pas le courage de faire connaître l'es-
capade et d'infliger les arrêts à l'intrépide sous-
lieutenant.

L'échelle de corde.

Mais tout cela avait éventé la mèche, il fallut renoncer à l'échelle de corde, on mit des barreaux à nos fenêtres sur la rue. Heureusement le carnaval tirait à sa fin. Deux d'entre nous tentèrent de se mettre bien avec le concierge de l'École, cerbère faisant montre d'une rigidité inflexible, mais qui, se laissant séduire par l'appât de quelques pièces de cent sous, consentit tacitement à ouvrir doucement la porte de sa loge à trois ou quatre d'entre nous, la nuit, lorsqu'ils le prévenaient d'avance.

On voit que tout n'était pas épines sans roses à cette bienheureuse École où l'on nous traitait, du reste, avec une bienveillance extrême. On fermait parfois les yeux sur nos petites peccadilles, et l'on avait raison.

Un autre truc dont nous usions le samedi pour décamper était celui-ci : Le général commandant ouvrait ses salons la veille au soir du dimanche. Or, le jour consacré au repos, il n'y avait pas de manège, l'appel n'avait lieu qu'à onze heures. Comme on pouvait sortir pour déjeuner les absents de la nuit étaient censés rentrer après leur repas du matin.

Les officiers-élèves qui voulaient passer la nuit dehors, en quittant les salons du général, se jetaient dans un des fiacres appelés dans la cour de l'École par les étrangers venus à la soirée et se faisaient conduire où ils voulaient.

On est malin à vingt ans, lorsqu'il s'agit de s'amuser.

# VIII

—

Je me trouvais à l'École d'application sous le
ministère du maréchal Maison qui gratifia le corps
de plusieurs ordonnances passablement ridicules.
De ce nombre les suivantes :

Il fut prescrit un beau jour, de par le ministre,
aux officiers d'état-major de cesser de porter la
moustache et la mouche. Quelque temps après,
ordre fut donné de laisser pousser mouche et
moustache. Enfin une troisième décision rendit
facultatif aux officiers du même corps ces deux
embellissements des lèvres supérieures et infé-
rieures.

Dire que le grave *Moniteur universel*, l'*Officiel*
d'alors, était contraint de prêter ses colonnes pour

17.

enregistrer de semblables niaiseries. Eh bien ! il y eut plus fort que cela, comme chez Nicolet. Voici deux mesures plus jolies : En 1836, le ministre maréchal Maison rendit une décision en vertu de laquelle le chapeau servant de coiffure aux officiers du corps d'état-major et porté de la façon dite *en bataille* aurait des dimensions identiques et les mêmes formes, à l'extérieur, pour toutes les têtes, heureux encore que la forme intérieure fût laissée libre et de façon à ce que le même chapeau ne fût pas prescrit pour tous les occiputs. Comme bien l'on pense, les officiers n'exécutèrent pas cette ridicule décision, mais à l'École d'application, où les élèves étaient sous la surveillance immédiate et journalière de leurs chefs, force leur fut d'avoir le chapeau *de dimension*. Le dimanche qui suivit la mesure prescrite, à l'inspection du matin, le capitaine de service, un double décimètre à la main, vint mesurer gravement chaque chapeau, mais lorsque, la chose faite, il vit le sous-lieutenant C..., ayant près de six pieds de taille, la tête surmontée d'une coiffure qui paraissait pour lui celle d'un bébé, et le sous-lieutenant de L..., n'ayant pas cinq pieds, la tête sous une espèce de cloche à melon, il ne put s'empêcher de rire aux éclats de cette mascarade ministérielle. Tous nous en fîmes autant.

Il en résulta que, dans l'intérieur de l'École, les officiers-élèves furent bien contraints de s'affubler du chapeau réglementaire, mais qu'aussitôt sortis, ils couraient rue de Bourgogne, chez le coiffeur Dalischamp, où chacun avait déposé une coiffure ayant le sens commun.

On eut le bon esprit, à l'École, de fermer les yeux sur cette inobservance du curieux et grotesque règlement.

Un autre ministre, trois ans plus tard, le général Bernard, trouva quelque chose d'encore plus fantastique à l'endroit de la coiffure des officiers du corps d'état-major.

Le 8 janvier, il rendit une décision en vertu de laquelle le chapeau continuerait à être porté *en bataille*, dans l'usage ordinaire de la vie, mais serait placé en colonne, pour les défilés, sans doute parce que la troupe défilant en colonne, les officiers d'état-major auraient paru faire une sorte d'opposition en conservant le chapeau en bataille.

Cette plaisante mesure ne dura pas longtemps ; voici pourquoi : Un jour, mon camarade, le petit Bon de Lignim, adjudant-major au 53ᵉ de ligne, en garnison à Paris, conduit les gardes de son régiment sur la place Vendôme pour le défilé des condamnés et, ayant mis sa troupe en mouvement pour passer devant le colonel de Tissières, major de place, il arrive à cinquante pas du colonel. Il place alors brusquement son chapeau, jusqu'alors en bataille, dans la position dite *en colonne*, essayant de le faire tenir en l'enfonçant d'un coup de poing. Hilarité générale sur la place. Le colonel se fâche, et ayant réuni les adjudants-majors de service, dans son bureau, après le défilé, il veut admonester de Lignim qui, muni de la décision Bernard, la présente à lire à l'excellent de Tessières. Ce fut le coup de mort de cette merveilleuse mesure.

Quand on pense que c'est à des sornettes de ce

Visite au 1er janvier.

genre que les ministres occupent parfois leurs loisirs !

Le chapeau de l'officier d'état-major semblait avoir le privilège exclusif d'occuper les loisirs ou d'être l'objet des préoccupations de plusieurs des Excellences les ministres qui se sont succédé au portefeuille de la guerre, après le maréchal Maison, l'inventeur du chapeau de dimension ; après le général Bernard, l'imaginateur du chapeau alternativement en bataille et en colonne, vint le général Moline de Saint-Yon qui lui, ancien officier d'état-major voulant sans doute doter le corps dont il avait fait partie, d'un ornement irrésistible, imagina de surmonter la coiffure des officiers d'état-major, d'un panache tricolore à plume de coq, tombantes, rappelant les panaches des représentants du peuple de la première république aux armées, et dont le prince Louis-Bonaparte s'affubla à la première revue qu'il passa de la garde nationale à Paris.

Un beau jour donc les officiers du corps d'état-major reçurent l'ordre d'orner leur coiffure d'or-

donnance d'un beau et fort cher plumet. Cette
décision donna lieu à une amusante histoire.

Les officiers devant se présenter à la visite
rendu le premier de l'an 1846 au ministre, ornés
de leur plumet, un jeune capitaine employé à la
carte de France, nommé Chépy, dessina une jolie
aquarelle intitulée : *La visite du jour de l'an.*

Les officiers du dépôt de la guerre représentés
par des trépieds, surmontés d'une boussole et
coiffés du chapeau à panache d'état-major, sont
menés au ministre de la guerre par leur chef, le
général Pelet.

Au-dessous de l'aquarelle, on lit les vers suivants de la composition d'un autre officier de la
carte de France, le capitaine baron de Cholet,
garçon d'esprit, dessinateur et poète de mérite :

Le général Pelet présente son monde au ministre
qui lui dit :

Vous êtes bien nombreux, c'est comme un régiment.

Le général répond :

Excellence, toujours nous en fûmes autant
  Mais nous sommes plus beaux
  Que jamais nous ne fûmes,
  Depuis qu'à nos chapeaux,
  Vous nous mites des plumes.

Cette amusante charge courut le dépôt de la guerre; le ministre, homme d'esprit, se la fit montrer, en rit beaucoup, pria de Cholet (1) de la lui donner et la fit encadrer pour la mettre dans son salon.

Mais revenons à l'École d'état-major; je me souviens d'une innocente vengeance que nous exerçâmes contre une vieille fille, femme de charge d'un de nos officiers, logeant dans l'établissement et

---

(1) M. de Cholet étant à la carte de France avec deux de ses amis intimes, les capitaines de Cornély et Guérineau de Boisvillette, il arriva à ce dernier, dans les montagnes de l'Auvergne, au pic de l'Escagu près le village des Brayards (c'est son nom), une aventure qui faillit devenir tragique et dont Cholet tira parti pour faire une spirituelle complainte. On en trouvera quelques couplets à la fin de mes souvenirs de l'École de l'état-major.

qui, ayant surpris dans une rue de Paris deux élèves, après minuit, n'avait rien eu de plus pressé que de les dénoncer à son maître.

Les deux jeunes sous-lieutenants furent mis aux arrêts. Ils jurèrent de se venger. La vieille fille nommée, je crois, M$^{lle}$ Rose, adorait les chats, surtout une grosse chatte blanche, souvent ornée d'une nombreuse progéniture, ce qui n'est pas rare chez les individus de son espèce.

A l'époque dont il est question, Moumoutte, la favorite de M$^{lle}$ Rose, avait trois petits. Qu'imaginèrent nos jeunes gens. Avec un peu de mou, ils attirèrent dans leur chambre toute la nichée et leur ayant lié les pattes pour éviter les griffes, ils saisissent une boîte à couleurs et peignent à l'huile la chatte en rouge vermillon, les petits en vert, jaune et bleu, puis ils lâchent, dans la cour, la chatte la première qui court se réfugier chez sa maîtresse.

— Les monstres, s'écrie celle-ci, ils ont dépiotté ma pauvre Moumoutte. Elle est à peine revenue de son saisissement que l'aîné de la famille arrive vêtu du plus beau jaune, puis les deux autres en vert et en bleu.

Un peu rassurée sur le dépiottage, M<sup>lle</sup> Rose cherche, mais en vain, à déteindre ses chers amis. Impossible, la couleur était trop bonne ; force fut de raser les quatre quadrupèdes.

Et on appelle cela des officiers ? disait-elle partout en parlant des élèves et en montrant ses chats coloriés, puis tondus.

# IX

## LA COMPLAINTE DE LA CARTE DE FRANCE.

Nous avons dit, à propos de la visite des officiers d'état-major de la carte de France, au ministre Moline de Saint-Yon, au premier de l'an,
que les auteurs de la charge qui avait couru le
dépôt de la guerre avaient composé une complainte
inspirée par une aventure arrivée à l'un des topographes, le capitaine de Boisvillette, nous allons
donner quelques couplets de cette amusante complainte, mais d'abord il est indispensable de raconter en quelques mots ce qui y donna lieu.

En 1842, au nombre des officiers envoyés près
de Clermont-Ferrand, dans les montagnes de
l'Auvergne, pour y faire la reconnaissance topographique du pays, se trouvait le capitaine Gué-

rineau de Boisvillette, bon gros, jovial et spirituel garçon né dans la Beauce à Châteaudun, électeur et ayant pour compagnon, dans toutes ses excursions, un charmant et fidèle caniche nommé *Médor*.

Un jour notre officier et son chien escaladèrent un des pics élevés des montagnes du Puy-de-Dôme, l'*Escagu*, situé près du village appelé les *Brayards*, pic sur le sommet duquel se trouvait un signal. Ils y furent tout à coup enveloppés par une violente tempête qui couvrit de grêle la campagne voisine.

Les habitants du village des Brayards, paysans superstitieux, apercevant sur le pic de l'Escagu la silhouette d'un inconnu se livrant à des occupations qu'ils ne pouvaient comprendre et armé d'instruments qu'ils n'avaient jamais vu, se rassemblèrent, se le montrèrent et en vinrent à conclure que ce personnage ne pouvait être que l'auteur de la tempête, le diable, venu là tout exprès pour faire grêler leurs champs. S'armant de fourches, ils grimpèrent sur l'Escagu décidés à faire un mauvais parti au jeune officier. Ce dernier surpris par une trentaine d'individus, hommes et femmes, dispositions menaçantes, essaya de leur faire comprendre qui il était, peine perdue. Enfin, ayant obtenu d'être conduit devant l'autorité locale, il exhiba son ordre de service et fut délivré par l'adjoint qui se confondit en excuse.

L'auteur de la complainte suppose en terminant que l'héroïque conduite du capitaine en cette circonstance, lui valut, à son retour à Paris, la croix de la Légion d'honneur.

La complainte, sur l'air de *Fualdès*, est intitulée :

*Saint Guérineau de Boisvillette, capitaine et martyr*, poëme héroïque en cent et un chants, orné de plusieurs portraits assez originaux, enrichi d'une profusion de notes historiques, statistiques, géographiques, artistiques et agronomiques.

Ouvrage adopté et chanté à l'Académie par un membre de cet institut (section des sciences morales).

En tête du poëme, le portrait de la noble victime et de son chien. Boisvillette à genoux ayant près de lui Médor, assis sur son bienséant, les pattes de devant jointes et en l'air, reçoit d'un ange, la croix et la palme du martyr. Montagnes dans le fond. Au-dessous du portrait fait par Chépy, ces vers :

Grand et simple à la fois, bon cœur, beau caractère,
Au milieu des périls tu brilles glorieux
Et l'ange des combats pose à ta boutonnière
            La récompense de la terre,
        Et sur ton front celle des cieux.
Reçois de tes amis cet hommage sincère.
Ils travaillent pour toi, c'est travailler pour eux.
Tu les illustreras... Et puis, saint tutélaire,
        Tout en les aimant sur la terre,
        Tu les serviras dans les cieux.

Voici quelques-uns des chants de la complainte :

        O savants de tout rivage,
        O journaux de tous partis,
        O hommes de tous pays,
        De tout sexe et de tout âge,
        Entendez-vous froidement
        Le récit que j'entreprends.

        D'un aimable camarade,
        Je vais chanter les ennuis,
        Je vais dépeindre les fruits
        D'une ignorance maussade;

Et vous verrez comme quoi !...
Force est resté au bon droit.

Chant troisième, où l'on trouve des détails curieux sur une contrée peu connue et qui ne mérite
presque pas de l'être :

Sous le beau ciel de la France,
Vers son centre — ou peu s'en faut,
S'élèvent des monts fort hauts
Où Delille prit naissance,
Où le valeureux Desaix
Préluda à ses hauts faits.

Et en notes : *Delille*, homme respectable, né
à Clermont, où ses compatriotes montrent encore
ses jardins. *Desaix*, militaire aimable, né au château d'Ayat, près Riom. On le croit généralement
mort à Marengo.

Là virent le jour encore
Le chancelier L'Hospital,
Le géomètre Pascal
Et le chroniqueur Dulaure,
Et d'Assas, jeune guerrier
Qui paya cher son laurier.

Notes : *L'Hospital*, beau magistrat, connu comme le fléau des avoués.

*Pascal* qui se promena longtemps avec un baromètre, afin d'apprendre la manière de s'en servir.

*Dulaure*, auteur d'une petite histoire de son pays et d'un grosse histoire de Paris.

*D'Assas*, victime d'un procédé assez médiocre des Autrichiens.

Or, sachez qu'en l'an prospère
Mil huit cent quarante-deux,
Un ministre — glorieux,
Grand dans la paix, dans la guerre,
Envoya dans ce pays,
Des officiers très choisis.

Jeunes fils de la Science,
Soldats et ingénieurs,
Ils y doivent, comme ailleurs,
Faire la carte de France,
Celle qu'on appelle encor
Carte de l'état-major.

Des travaux préparatoires,
Déjà avaient été faits
Sur les principaux sommets,
On voyait des choses noires
Que l'on nomme des signaux,
Les plus hauts sont les plus beaux.

Or, parmi toutes ces cîmes,
Qui frappent d'abord les yeux,
Il est un pic rocailleux,
Qui bondit sur les abîmes,
Dominés par les Brayards
Et dominant les brouillards.

Sur ce pic épouvantable,
Neuf cents mètres sur les flots (1),
Le plus vaste des signaux,
Passe pour l'œuvre du diable.
Il a le nom saugrenu
De signal de l'Escagu.

Mais, là, le drame commence,
A la porte du signal,
Donc... du héros principal,
Lions d'abord connaissance,
Et voyons en quelques vers,
Ses vertus et ses travers.

Chant où l'on va trouver la description appro-

---

(1) L'état-major a foi dans le niveau constant des
flots de la mer. Il l'a pris pour base de son travail et lui
a rapporté toutes les hauteurs du sol. Il est juste de
dire que, jusqu'à ce jour, la mer a répondu d'une manière
touchante à cette confiance qui l'honore.

fondie d'un personnage que les dames brûlent de
voir apparaître.

Guérineau de Boisvillette
Est son nom habituel ;
Garçon, car il se dit tel,
Beau, d'une double épaulette ;
Honnête, mais non commun,
Électeur-de Chateaudun.

Signalement du physique :
Front haut, bel œil, noble port,
Jambe droite, jarret fort,
Teint peu blanc, nez athlétique ;
Cheveu rare et presque noir,
Abdomen facile à voir.

Choisi par le sort des armes,
Pour relever ce pays,
On l'a vu quitter Paris,
Laissant bien des cœurs en larmes ;
Puis un jour on l'a revu
Escaladant l'Escagu.

Sur cette pente insolite,
Boisvillette souffle un peu.
Eh bien ! dit-il, avec feu,
J'en aurai plus de mérite.
Grimpons... Et son compagnon,
Lui grimpe sur les talons.

Boisvillette ayant escaladé l'Escagu commence ses travaux, regrettant de n'avoir pas près de lui son ami Cornély.

> Après le bon camarade,
> Parlons vite du bon chien.
> Médor est plein de maintien,
> Danse, chante, bois rasade,
> Pense beaucoup, parle peu
> Et s'orne d'un collier bleu.
>
> Boisvillette en plein ouvrage,
> Fait feu de son instrument,
> Pointant, cotant, dessinant.
> Tandis qu'il se met en nage,
> Le ciel si serein à voir,
> Se voile d'un voile noir.
>
> Soudain ce nuage crève,
> Fils de l'électricité,
> Des grêlons sont projetés,
> Dans ces champs remplis de sèves ;
> La moisson meurt sans espoir,
> C'est déplorable à voir.

Tandis que Boisvillette, absorbé par son travail, semble insensible à la tempête, les habitants du village Les Brayards, l'apercevant, se consultent,

18.

ne mettant pas en doute que ce ne soit Satan, auteur de leurs maux et, excités par une mégère, ils montent, dit l'auteur de la complainte, à l'assaut de Guérineau.

> Mais, en voyant cette bande,
> Il sent qu'il aura des maux,
> Frémissant pour ses travaux,
> Il entr'ouvre sa houppelande
> Et cache contre son cœur,
> Le produit de ses sueurs.

Puis il demande aux Auvergnats pourquoi ils lui font la grimace.

> Bah! vous me prenez peut-être
> Pour un de ces intrigants,
> Qui s'en vont à travers champs,
> Pour recenser vos fenêtres;
> Je le jure sur l'honneur,
> Je ne suis pas contrôleur.

C'était l'année où le recensement avait causé une grave émeute à Clermont-Ferrand.

> Ah! ah! ah! dit un grand grêle,
> On vous a bien vu, sournois,
> Pourquoi qu'en ces endroits,
> Vous faites pleuvoir la grêle?

Vous êtes le diable ou ben,
Nous n'y connaissons plus ren.

Ouf ! ceci passe les bornes.
Le diable l'avez-vous vu ;
Il porte le pied fourchu,
Son front est chargé de cornes.
Inspectez-moi maintenant,
Ai-je donc cet ornement.

*Note :* En effet, il est vrai de dire que Boisvillette n'a rien de commun avec cet affreux bipède, rien, dit-il en badinant avec ses amis, rien que de le tirer quelquefois par la queue — malgré sa position d'électeur de Châteaudun.

Continuant à définir le diable, Boisvillette ajoute :

De plus, sur lui Satan porte
Certaine odeur de roussi,
Cette odeur... la sens-je aussi ?
Non, — que le diable m'emporte,
Car, semblable à un bateau,
Je flotte dans trois pieds d'eau.

Eh ! eh ! eh ! réplique un autre,
Pourquoi qu'ici vous venez ?
Je conviens que vous avez
La mine d'un bon apôtre ;

Mais le diable bien souvent,
Se donne un air innocent.

Parmi vos belles campagnes,
Je viens pour de grands travaux,
Je viens tirer les niveaux
Des vallons et des montagnes ;
Je marque aussi les chemins
Qu'ont besoin d'entretien.

Hi ! hi ! hi ! crie un troisième,
On connaît l'ingénieur,
Grand, mince, blond, sans couleur,
Vous n'êtes pas tout de même.
Puis, quand il vente ou qu'il pleut,
Il reste au coin de son feu.

Un autre demande à Boisvillette s'il a des pa
piers. Le capitaine tire de sa poche son ordre et
le lit :

Le ministre de la guerre,
Ordonne à votre préfet,
D'ordonner au sous-préfet,
D'ordonner à tous les maires,
D'ordonner à tous les citoyens,
De m'aider de leurs moyens.

Enfin, après d'autres colloques, il obtient d'être

mené chez le maire. Le maire étant à garder ses bœufs, on le conduit chez l'adjoint.

Pendant qu'il marche entouré des Brayards, Boisvillette remarquant la pâleur de son chien, lui dit :

> Viens quadrupède sublime,
> Dit-il, à Médor pleurant,
> Je laisse à ton dévoûment,
> La vengeance de ce crime ;
> Si je succombe ici,
> Va le dire à Cornély.

> On arrive (*chez l'adjoint*), on crie, on jure,
> L'adjoint séchait ses sabots,
> Il les remet aussitôt,
> Pour voir d'où vient ce murmure.
> Puis, au milieu du fracas,
> Il entend qu'il n'entend pas.

Boisvillette lui demande s'il sait lire et lui passe son ordre.

> Le silence recommence,
> L'adjoint semble tout ému,
> Mais, déjà n'y tenant plus,
> Il crie avec pétulance :
> Quoi ! Vous êtes un savant
> De ce fameux régiment.

Ah ! monsieur le capitaine,
Combien je suis malheureux
De songer que, dans ces lieux,
On vous a fait de la peine.
Mais nous sommes plus manants
Que nous ne sommes méchants.

Du reste, ayant de l'usage,
Et connaissant les endroits,
Vous deviez penser, ma foi,
D'après le nom du village,
Qu'un lieu nommé Les Brayards,
Était peuplé de gueulards. (Historique.)

Les Auvergnats font amende honorable ; Boisvillette leur fait un discours, se terminant ainsi :

Or, vent, grêle, orage, foudre,
Sont hors de notre ressort,
Le savant état-major,
Trouverait plutôt la poudre.
Je dois à la vérité
Qu'il l'a trouvé... inventée.

L'adjoint le prie tout bas de ne pas les vendre.

Boisvillette le rassure,
Mais il souffle entre ses dents,
Mon vieux, tu seras dedans,
Car je dirai l'aventure
A Saget, Cholet, Chépy,
D'Abrantès et Cornély.

Noms de cinq des camarades de Boisvillette qui tous ont concouru à la confection de la complainte, Cholet par les strophes, les autres par les illustrations.

Ainsi couronné de gloire,
Il redescend des Brayards,
Dans les Laffitte et Gaillard,
Il monte avec sa victoire;
Puis il rentre à Paris,
Comme il en était parti.

Bientôt, près de lui en masse,
Arrivent les anciens cœurs,
Des nouveaux mouillés de pleurs,
Plaignent sa disgrâce,
Et Guérineau trop heureux,
Les rassure de son mieux.

Alors, dans la capitale,
Tout est à la Guérineau,
Étoffes, meubles, chapeaux,
La fureur est générale,
Même on joue à l'Ambigu
Le héros de l'Escagu.

Boisvillette apprécié, et dont la noble conduite est connue, reçoit bientôt sa récompense.

Bref, le conseil des ministres
Se rassemble un beau matin,
Sur un puissant parchemin,
On décline plusieurs titres ;
Et deux ou trois maréchaux
Scellent le tout de leur sceau.

Son portier lui apporte son brevet de membre de la Légion d'honneur.

Cette nouvelle l'étonne,
Tant il ignore ses droits,
Il lit son brevet cent fois,
Puis, subissant sa couronne,
Il glisse à son vêtement
Un petit bout de ruban.

Ame toujours simple et fière,
Aux bons comme aux mauvais jours,
Guérineau, pour tout discours,
Dit devant sa boutonnière ;
Que ne l'êtes-vous aussi,
O Médor, ô Cornély.

D'un récit aussi sauvage,
Frères, concluons cela,
Quand le ciel se noircira,
Des nuages d'un orage ;
Vite, descendons du mont
Pour entrer dans un bouchon.

Lorsque la complainte Cholet, illustrée par Chépy et d'Abrantès, fut connue dans les salles du dépôt de la guerre, chacun sollicita la faveur d'y figurer. Alors, Cholet fut obligé de faire afficher cette dernière strophe :

L'auteur vient de trouver son centième couplet,
Et, bien sûr d'être inscrit au temple de mémoire,
Il ferme avec orgueil l'*omnibus* de sa gloire,
Et crie à l'univers... complet.

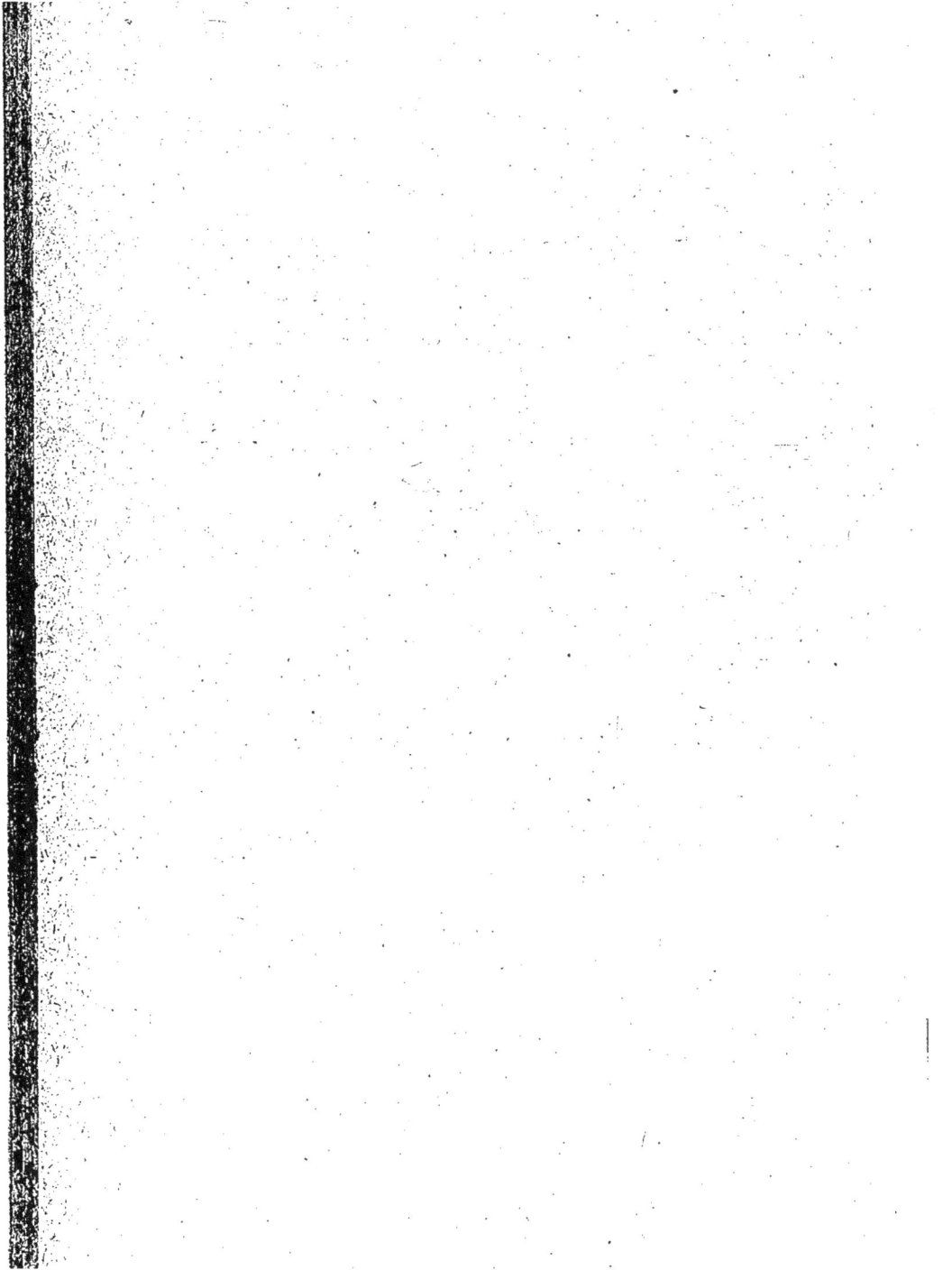

# X

Le corps d'état-major a vécu.

Par qui et dans quel but a-t-il été créé ? Quels avantages en a-t-on retiré ?

A-t-on su l'utiliser comme on aurait pu et dû le faire ?

Par quoi l'a-t-on remplacé ?

Sa suppression a-t-elle été un bien ou un mal pour l'armée ?

Telles sont les questions sérieuses dont nous allons faire suivre nos souvenirs, un peu légers peut-être, questions que nous essayerons de résoudre avec impartialité.

Le corps d'état-major a été créé, en 1818, par un de nos plus savants, de nos plus éminents gé-

néraux du premier Empire, par un de nos plus
habiles ministres de la guerre, le maréchal Gouvion-Saint-Cyr.

Ayant fait de nombreuses campagnes, parcouru
toute l'Europe du nord au midi, de l'ouest à l'est,
servi dans les différentes armées de la France, le
maréchal avait été frappé de l'insuffisance de nos
états-majors. Il attribuait cette insuffisance à un
recrutement défectueux des officiers employés
dans les états-majors. Ces officiers, pouvant être
tirés de tous les régiments de l'armée, n'étaient,
pour la plupart, ni capables, ni instruits.

Gouvion-Saint-Cyr avait bien constaté que
l'Empereur ne prenait auprès de sa personne,
pour faire le service de son état-major particulier, que des hommes d'une grande valeur, militaires braves, actifs, intelligents, pouvant remplir
les missions les plus délicates, exercer, au besoin, des commandements importants. Il savait
bien que certains maréchaux, Berthier entre autres, ce major général hors ligne, s'entourait
d'officiers capables, mais, à côté de cela, il avait

facilement remarqué le peu d'aptitude d'une
foule d'autres officiers appelés à remplir des
fonctions d'état-major. Les reconnaissances devant l'ennemi, les ordres à libeller d'une façon
claire et lucide, leur prompte exécution, trouvaient rarement des interprètes en état de bien
remplir leurs importants devoirs. Les aides de
camp surtout lui paraissaient médiocres. Cela
était tout naturel, la plupart étaient des alliés ou
des amis de parents des généraux auprès desquels ils faisaient le service et qui, employés par
faveur, étaient poussés par eux, qu'ils le méritas-
sent ou non, au détriment d'officiers plus capables. En outre, souvent lorsqu'un général demandait à un chef de corps de lui indiquer un aide de
camp, ce chef de corps qui tenait à garder ses
bons officiers, lui en donnait un médiocre, absolument comme pour les chevaux demandés aux
colonels de cavalerie.

Ces considérations déterminèrent Gouvion-
Saint-Cyr, dès qu'il fut ministre, à créer un corps
d'état-major homogène, instruit, dans lequel seu-

lement pourraient être pris les officiers chargés du service des états-majors et les aides de camp.

C'était couper court à la faveur, et assurer à l'armée un corps apte à un bon service. Alors, il fonda l'École d'application d'état-major dans laquelle ne pouvaient être appelés que les premiers élèves sortis de l'école de Saint-Cyr et où ils devaient faire un noviciat d'état-major de deux années, livrés à des études pratiques sérieuses.

Ce corps, formé d'éléments choisis que plusieurs ordonnances et décisions ministérielles vinrent encore fortifier, ne tarda pas à prendre là tète de l'armée.

Le 10 décembre 1821, une ordonnance royale lui octroya un comité pareil à celui de l'artillerie et du génie, mais à titre provisoire. Ce comité fut réellement constitué en 1826.

En 1824, le corps d'état-major de concert avec le corps des ingénieurs géographes commença le magnifique travail de la carte de France (géodésie et topographie).

En 1831, les deux corps furent fondus en un

seul et les officiers d'état-major furent initiés aux études si importantes des levés et reconnaissances militaires.

La guerre d'Espagne en 1823, l'expédition de Morée en 1827, celle d'Alger en 1830, firent connaître ce que l'on pouvait attendre de la création du maréchal Gouvion-Saint-Cyr.

Les ordonnances constitutives et celle de 1833 fixant le recrutement et le service des officiers du corps étaient des mesures excellentes et suffisantes pour donner à nos armées des états-majors instruits, pouvant faire face à toutes les nécessités en temps de paix comme en temps de guerre; mais, pour atteindre ce but, il fallait tenir la main à la stricte exécution des sages règlements élaborés et adoptés par les divers ministres de la guerre.

Il n'était nullement nécessaire de modifier et encore moins de briser, comme on le fit en 1880, malheureusement, selon nous, ce corps si judicieusement créé en 1818.

Au lieu d'appliquer les mesures prescrites,

on les laissa passer à l'état de lettre morte en beaucoup de circonstances. Ainsi, on se relâcha sur le stage régimentaire, sur le service des jeunes officiers du corps dans les régiments. Beaucoup d'entre eux furent retenus trop long-temps aux travaux de la carte ; un certain nombre, peu soucieux de ce genre de travail indispensable pour former des officiers d'état-major complets, trouvèrent moyen de n'y pas être appelés ; on se servit des officiers ou attachés aux divisions ter-ritoriales d'une façon ridicule ; on les employa comme des scribes. Les aides de camp des géné-raux de brigade et de division, sauf pendant les quelques mois de revues trimestrielles ou d'ins-pections générales, n'eurent absolument rien à faire auprès de leurs généraux. Ceux attachés aux princes et aux maréchaux n'eurent à fournir qu'un service d'honneur. Enfin, tandis que les puis-sances étrangères nous montraient les services que l'on pouvait tirer d'officiers intelligents et instruits, parlant bien la langue française et en-voyés chez nous comme attachés militaires pour

y surveiller et faire connaître tout ce qui se passait dans notre armée, nous n'avions pas, nous,
d'officiers parlant les langues étrangères, mis à la
disposition des ambassades. Nous nous conten-
tions d'envoyer dans les camps de plaisance,
pendant quelques jours, des officiers d'ordonnance et aides de camp des princes ou des ministres qui se bornaient à rapporter de leurs
voyages force compliments pour leurs patrons et
force décorations pour eux-mêmes.

Ainsi donc, après avoir écrémé, en quelque
sorte, nos écoles militaires pour constituer un
corps instruit, sagement réglementé, on ne l'uti-
lisait plus, on le laissait s'étioler. Ce n'est pas ce
qu'avaient voulu les Saint-Cyr, les Soult, les
Clermont-Tonnerre, les Bugeaud. Quelle nécessité y avait-il de supprimer ce corps et de le
remplacer par un service dit d'état-major ? Nous
ne le voyons pas. Ne suffisait-il pas de mettre
sérieusement en vigueur les prescriptions réglementaires ?

Nous savons bien que bon nombre d'officiers

19.

même de l'ancien corps d'état-major ont approuvé sa suppression. C'est tout simple. Ne sont-ils pas sûrs, grâce à la supériorité que leur donnent, sur la plupart des officiers des corps de troupes, leur instruction, leur intelligence, leurs relations avec les sommités de l'armée, d'arriver aux emplois supérieurs beaucoup plus promptement qu'ils n'eussent pu le faire en restant dans le corps? N'en avaient-ils pas eu la preuve par l'élévation rapide de tous les anciens officiers d'état-major, les Mac Mahon, les d'Allonville, les Montauban, etc., qui étaient parvenus à quitter le corps et à se faire placer dans les régiments de formation nouvelle?

Si donc, mettant de côté toute considération, on eût établi un roulement uniforme et strict pour tous les officiers du corps d'état-major, si on eût veillé à ce que les prescriptions réglementaires fussent exécutées dans les régiments, dans les états-majors, l'armée eût toujours eu à sa disposition un corps formé d'éléments capables, instruits et à la hauteur de ses fonctions. Ce n'est

pas le tout que de promulguer de judicieuses ordonnances, de prendre des mesures utiles et ra-
tionnelles, il faut avoir la volonté et la force de
les faire exécuter et ne pas permettre qu'on les
élude.

Après la guerre de 1870-1871, on s'est plu à
dire que notre corps d'état-major n'avait pas
rendu les services qu'il aurait dû rendre, parce
que les officiers qui le composaient, n'avaient pas
une aptitude, une instruction à hauteur de leurs
fonctions. C'est une calomnie, reposant sur une
erreur. Pendant toute cette désastreuse campagne,
nos officiers du corps d'état-major ont été remarquables d'activité, de bravoure, d'intelligence et
ont rendu les meilleurs services aux armées de
Metz, de Sedan, de la Loire, du Nord, de l'Est,
de Paris. Plusieurs se sont fait tuer en remplis-
sant leurs missions, en accomplissant leur devoir.

Peut-être n'a-t-on pas su toujours utiliser leurs
talents comme on aurait pu le faire? A qui la
faute? Ce n'est pas la première fois qu'ayant en

main un bon instrument, on n'a pas su s'en servir.

Le corps créé en 1818 par l'illustre Gouvion-Saint-Cyr, si maladroitement supprimé en 1880 par le ministre Farre, a été tout simplement composé, depuis le jour de son organisation jusqu'à celui de sa destruction, de l'élite des officiers de notre armée.

Pendant ces soixante et quelques années, on a tiré de nos écoles militaires les sujets les plus instruits, les plus capables; on leur a fait faire des études spéciales qui auraient pu être plus habilement dirigées, soit, mais qui n'en étaient pas moins de nature à développer l'intelligence; puis, lorsqu'on en a eu obtenu un faisceau d'hommes jeunes, actifs, instruits, prêts à tous les travaux de la guerre, on n'a pas su les utiliser. Qu'en a-t-on fait? On les a laissés, pour la plupart, dans les bureaux des divisions et subdivisions territoriales, où beaucoup se sont annihilés et ont pris des habitudes sédentaires, casanières; on les a employés à écrire des lettres banales et à un ser-

vice pour lequel il ne faut ni intelligence ni instruction. N'eût-on pas dû, au lieu de cela, faire
voyager les jeunes officiers à l'étranger? Exiger
d'eux l'étude et la pratique des langues allemandes, italiennes, russes? N'eût-on pas dû les remettre sans cesse en contact avec les troupes?

L'instrument n'ayant pas été employé, perfec-
tionné, est-il bien étonnant qu'au moment de s'en
servir il ait été trouvé un peu rouillé? Il ne l'était
pas cependant assez pour n'avoir pas été d'un
grand secours au commandement, pendant la
guerre de 1870-1871, et nous défions que l'on cite
un corps de troupes, une division où les officiers
du corps d'état-major se soient montrés inférieurs
à leur tâche?

Si un reproche quelconque a pu être fait à la
création de Gouvion-Saint-Cyr, ce n'est pas à
cette habile création qu'il faut s'en prendre, mais
à la façon maladroite dont on s'est servi souvent
d'un corps admirablement recruté, instruit, capable et dévoué.

Après la campagne contre la Prusse, le ministre

de la guerre nomma une commission de généraux sortant du corps d'état-major, avec mission de lui présenter un rapport sur ce qu'il y avait à faire pour ce corps. Cette commission de douze membres se partagea immédiatement en deux groupes, une de huit membres demandant un corps *fermé*, avec des modifications; un autre de quatre membres, demandant un corps *ouvert*.

La majorité et la minorité présentèrent chacune un rapport au ministre.

L'adoption du corps ouvert, c'était le retour aux abus que le maréchal Gouvion-Saint-Cyr était parvenu à faire disparaître en 1818. Sans doute le système d'un corps accessible à toutes les capacités est, de prime abord et en théorie, très séduisant, mais ne présente-t-il pas, dans la pratique, des inconvénients devant donner lieu à des abus sans nombre?

Nous signalerons deux de ces inconvénients:

1º Celui d'ôter aux officiers chargés du service d'état-major l'étude pratique du levé du terrain, connaissance en dehors de laquelle, selon nous, un officier d'état-major n'est pas complet;

2° La faculté pour les généraux de prendre dans tous les corps les officiers attachés à leurs personnes, faculté d'où découlent les abus que nous avons déjà signalés et qu'un de nos derniers ministre de la guerre actuel, le général Campenon, ancien officier d'état-major, a si bien compris qu'il a pris une mesure pour le faire cesser.

Pour bien établir que le corps créé par le maréchal Gouvion-Saint-Cyr n'a pas été inutile à l'État et à l'armée, nous aurons recours à une courte statistique.

Depuis sa fondation jusqu'à sa suppression, de l'École d'application d'état-major sont sortis :

deux chefs de gouvernement : le général Trochu et le maréchal de Mac Mahon.

Deux maréchaux : Pélissier duc de Malakoff ; de Mac Mahon, duc de Magenta.

Huit généraux ayant commandé en chef devant l'ennemi :

Cousin-Montauban, comte de Palikao, commandant en chef le corps expéditionnaire envoyé

en Chine en 1860; le marquis de Beaufort d'Hautpoul, commandant en chef du corps expéditionnaire
de Syrie; de Salles, commandant en chef le 1er corps
de l'armée d'Orient devant Sébastopol; Lebrun,
commandant en chef le 12e corps à l'armée de
Sedan; Pourcet, commandant le 16e corps; Durrieu le 17e, Billot le 18e aux armées de la Loire;
de Cissey, commandant en chef le 2e corps de
l'armée de Versailles devant Paris en 1871.

Deux majors généraux : le comte de Martimprey,
à l'armée d'Orient; le général Schmitz, à Paris en
1870-1871, pendant le siège.

Deux aides-majors généraux : Lebrun et Jarras
à l'armé du Rhin.

Sept ministres de la guerre : les généraux de
division Courtot de Cissey, Berthaut, Borel,
Gresley, Billot, Campenon, Lewal.

Cinquante-quatre généraux de division : Aulas
de Courtigis (ambassadeur), Cousin-Montauban,
comte de Chasseloup-Laubat, Foltz, Bedeau, vicomte Louis de Villiers, de Beaufort d'Hautpoul,
de Tourville, de la Brugière de Laveaucoupet, comte

d'Allonville, Jarras, Saget, Courson de la Villeneuve, d'Auvergne, Courtot de Cissey, Espivent de la Villeboisnet, le comte Lepic, le comte Pajol, Letellier Valazé, Durrieu, de Susleau Malroy, Pourcet, Raoult (tué à l'ennemi), comte Reille (André), Castelnau, Trochu, Lapasset, Osmont, Renson, de Mirandol, de Loverdo, Appert (ambassadeur), Ferri-Pisani, Bertault, Lallemand, qui a commandé d'une façon brillante l'expédition de la Kabylie en 1871, Gresley, Borel, Campenon, Wuillemot (chef d'état-major général de la 2ᵉ armée de la Loire), Hartung, Faure, Forgemol de Botsquenard (qui a commandé le corps expéditionnaire de Tunisie), Schmitz, Lewal, Billot, Caillet, Loysel, Lamy, Davenet, Wilatte, Fay, Broye, de Cools (aujourd'hui chef d'état-major du ministre de la guerre), Warnet (chef d'état-major du corps expéditionnaire du Tonkin).

Soixante-six généraux de brigade : Le baron Dubreton, de la Rue Beaumarchaïs, Baret de Rouvray, Mazel du Goulot, Gouyon-Matignon de Saint-Loyal, de Vaudrimey, Davout, de Margadel, de

Crény, Borel de Brétizel, de Franconnière, Nes-
mes Desmaret, Bernier de Maligny, Renault, An-
selme, de Saint de Marthile, de Valdan, de Gaujal,
Camo, Thomas, Robinet, Le Téllier de Blanchard,
Ribourt, Robert, de Rouvre, de Bellegaric, Dien
(tué à l'ennemi), Waubert de Genlis, Bonneau du
Martray, Manèque (tué à l'ennemi), Galinier, Ferret,
Besson (tué à l'ennemi), Lourde, de Place, Tyr-
bas de Chamberet, Martenot de Cordoux, de Tou-
longeon, Clément, Foloppe, Sumpt, Beaudoin, Fi-
lippi, Durand de Villers, Balland, Ducrot, Clappier,
Colson (tué à l'ennemi), de la Soujeole, baron Saint-
Cyr-Nugues, Jeoffroy d'Abans, d'Ornant, Mircher,
marquis d'Andigné, Boyer, marquis d'Abzac, comte
d'Andlau, Gaillard, des Plas, Tissier, comte de
Bouillé, Loysel, comte de Clermont-Tonnerre,
Saget, Marion de Gaja, Tatareau, Fabre, Clément.

L'École d'état-major a donné encore au corps
de l'intendance un grand nombre de ses membres.
Plusieurs ont atteint le plus haut grade, celui d'intendant général inspecteur. Beaucoup d'officiers
du corps d'état-major se sont fait un nom dans la

littérature militaire, et sont auteurs d'ouvrages utiles et remarquables. Nous citerons par ordre alphabétique : le commandant Altmayer, *Manuel des connaissances militaires*, onze éditions. Le général Bedeau, auteur de plusieurs brochures importantes sur l'armée. Le général Blondel qui a écrit un véritable petit chef-d'œuvre par le fond comme par la forme : *Coup d'œil sur les devoirs et l'esprit militaires*. Le colonel Bonne : *Considération sur l'emploi de la lumière et des ombres pour exprimer le relief du terrain*. Le lieutenant Bonnechose, plusieurs poèmes et tragédies. Le colonel Bory de Saint-Vincent, savant voyageur, dont le nom est devenu célèbre, auteur de plus de trente volumes de voyage. Le lieutenant-colonel Charles de Coynart, auteur d'un volume curieux sur le *Siège d'Alésia*, d'un autre sur la *Guerre d'Amérique*, et d'un troisième sur *les Mobiles du Calvados*, qu'il commanda pendant la guerre de 1870-1871. C'est à lui que l'on est redevable du règlement relatif à l'embarquement et au débarquement des troupes et du matériel dans les chemins de fer. Le colonel

Corrabœuf, auteur de la *Description de l'Égypte* et de la *Description géométrique de la France*. Le commandant Derrécagaix, auteur d'une histoire de la guerre de 1870-1871. Le baron Du Casse, auteur des *Mémoires du roi Joseph, du prince Eugène* et de quarante à cinquante autres volumes sur l'histoire moderne. Le lieutenant-colonel Dessaix qui a publié un *très utile atlas de la France* et d'autres atlas sur l'Europe. Le commandant Duhousset, *Application de la géographie à la topograhie*. Le général Fay, plusieurs ouvrages sur les guerres modernes. Le colonel de Ferussac, le *Journal historique du siège de Saragosse, Histoire générale et particulière des mollusques terrestres et fluviales*. Les généraux Ferret et Galinier, deux beaux volumes sur leur *Voyage en Abyssinie*. Le commandant Fernel, *Histoire de la campagne d'Afrique en 1830*. Le général Ferri-Pisani, *Lettres sur l'Amérique*, puis sous la direction du prince Napoléon les *Mémoires du roi Jérôme*. Le baron Gay de Vernon, une *histoire* très savante de la *Vie du maréchal Gouvion-Saint-Cy*

et un grand nombre de brochures historiques, ainsi
qu'un volume intitulé : *Custines et Houchard.* Le
capitaine Gavard : les *Galeries historiques de Versailles, Galeries des maréchaux de France.* Le
marquis de Grouchy, les *Mémoires du maréchal de
Grouchy,* son grand-père. Le capitaine Hanus,
plusieurs ouvrages au nombre desquels un remarquable agenda du corps d'état-major, encore fort
utile aujourd'hui. Le capitaine Jacquinot de Presles,
un *Cours d'art et d'histoire militaires.*

Le capitaine Jardot, plusieurs brochures scientifiques et militaires : les *Chemins de fer de l'Europe considérés sous le point de vue stratégique,*
etc., etc. Le colonel Koch : *Mémoires pour servir
à l'histoire de la campagne de 1814; Histoire critique des guerres de la Révolution; les Mémoires
de Masséna.* Le colonel Yung, plusieurs ouvrages
sur l'histoire moderne. Le lieutenant-colonel de
Labaume : *Relation de la campagne de 1812, Histoire de la chute de Napoléon. Histoire de la république de Venise, Histoire monarchique et constitu-
tionnelle de la Révolution française.* Le lieutenant-

colonel Langlois, auteur de beaux panoramas militaires : *Voyage militaire en Espagne*. Le colonel
Lapie et son fils le capitaine, un nombre considé-
rable de belles cartes, de mémoires sur la géographie, un *Atlas universel*, etc. Le capitaine Godefroy
de la Tour d'Auvergne : trois brochures militaires
intéressantes. Le capitaine Lombart : *Mémoires
sur le corps d'état-major*. Le colonel de Lostende :
*De l'organisation d'une réserve en France*. Le
général Lebrun : *Sedan et Bazeilles*, volume très
important sur la journée du 1er septembre 1870. Le
colonel de Latour-Dupin, une *Relation du siège de
Constantine*. Le commandant Leblanc de Prébois,
un grand nombre de brochures et de travaux remarquables sur l'Algérie. Le général Lewal, plusieurs ouvrages sur les guerres modernes. Le colonel Marnier : *Histoire de guerre en temps de
paix, Album pittoresque de la France, Épisodes de
la guerre de Prusse*, etc., etc. Le commandant
Minangoy : *Relation de la seconde expédition de
Médéah*. Le général Moline de Saint-Yon : *Guerres
de religion, Notice sur le prince Eugène de Beau-*

*harnais, Ipsiboé, François* I$^{er}$ *à Chambord, Mathilde*, les *Époux indiscrets*, opéras, *les Amours de Charles II*, comédie. Le commandant Moreau de Jonès, ouvrages sur la *Minéralogie*, la *Géographie des Antilles*, etc. Le capitaine Montureux : Essai sur l'*Esprit militaire et l'organisation de l'armée*. Le colonel Naudet, deux comédies : *La Fontaine chez* M$^{me}$ *de la Sablière* et le *Ménage de Molière*. Le commandant Niox, une histoire très remarquablement écrite de la *Guerre du Mexique; La géographie militaire*, (Europe centrale, Allemagne, Hollande, Danemark), ouvrage des plus importants. Le capitaine Edmond Pélissier, les *Annales algériennes*. Le colonel Pétiet, le *Journal de la division de cavalerie du 5$^e$ corps en 1814)* le *Journal de la 3$^e$ division de l'armée d'Afrique*. Le colonel Puissant : *Traité de Topographie* et plusieurs brochures relatives à la *Géodésie*. Le général Pourcet : *Campagne sur la Loire, 1870-1871*. Le commandant Rocquancourt : *Cours d'art et d'histoire militaires à l'usage de Saint-Cyr*. Le capitaine Rozet : *Relation de la guerre d'Afrique*

*en 1830 et 1831: Voyage dans la Régence d'Alger.*
Le capitaine de Salvandy : *Histoire de la Pologne,
Nathalie, Barnave.* Le lieutenant-colonel Senilles :
*du Comité de l'infanterie et de la cavalerie,* bro-
chure. Le commandant de Serda : la *Télégraphie
en campagne,* traduction de l'ouvrage du grand
état-major allemand sur la guerre de 1870-1871.
Le colonel de Sesmaisons : *Réflexion sur le recrutement de l'armée.* Le capitaine Taylor : *Voyages
pittoresques dans l'ancienne France,* en collabora-
tion avec Charles Nodier; *Voyage en Espagne, en
Portugal; L'Égypte,* la *Syrie,* la *Palestine.* Le lieutenant colonel Viennet de l'Académie française, un
grand nombre de brochures, de tragédies, de comédies, de poésies, d'épîtres etc.

N'oublions pas de rappeler les beaux livres
du général comte Pajol, écrivain et sculpteur de
mérite, auquel on doit d'importants ouvrages historiques et de belles statues dont celle équestre de
Napoléon Ier, sur le pont de Montereau. Au nombre
des œuvres du général, nous mentionnerons les
campagnes du général son père, une histoire de

Kléber et un bel ouvrage sur les guerres de
Louis XV.

Un mot, pour finir cette nomenclature, sur le colonel Perrier. Cet officier supérieur, sorti de
l'École polytechnique, est un savant qui, après
avoir remplacé comme membre du Bureau des
longitudes en 1873 (n'étant encore que capitaine)
le maréchal Vaillant décédé, a été élu, en 1880,
membre de l'Académie des sciences (section de
Géographie et de Navigation).

Le colonel Perrier, aujourd'hui chef de la sous-
direction du dépôt de la guerre (service géogra-
phique), a attaché son nom à un nombre considé-
rable de travaux scientifiques des plus importants.
On lui doit les 10ᵉ et 11ᵉ volumes du *Mémorial
du dépôt de la guerre*, une quantité de notes, de
brochures relatives à la géodésie et à l'astronomie.
Ses principaux travaux sont :

1° La jonction géodésique de la France à l'Angleterre par-dessus le Pas-de-Calais ;

2° La triangulation de la Corse ;

3° La triangulation de l'Algérie ;

20

4° La nouvelle mesure de la méridienne de France;

5° La jonction géodésique et astronomique de l'Espagne avec l'Algérie, par-dessus la Méditerranée;

6° La rénovation de la géodésie française.

Pour terminer ce qui a trait au corps d'état-major, nous emprunterons au 2° volume du bel ouvrage du général Ambert, ouvrage intitulé : *Récits militaires*, une de ses pages, dans laquelle sont résumées plusieurs des observations que nous venons de présenter nous-mêmes, et qui corroborent les nôtres.

« Le plus sévèrement jugé, pendant et après la guerre, a été le corps d'état-major. Il a même disparu pour faire place à une organisation nouvelle.

« L'ancien corps d'état-major était une des belles œuvres de Gouvion-Saint-Cyr. Il prenait de jeunes officiers débutant dans la carrière. Après avoir satisfait aux examens de sortie de l'École de Saint-Cyr ou de l'École polytechnique,

les sous-lieutenants suivaient les cours d'une
École d'application ; après de nouvelles épreuves,
ils servaient successivement dans l'infanterie, la
cavalerie, l'artillerie, et souvent même dans le
génie (1). Ils connaissaient donc le service de
toutes les armes pour l'avoir pratiqué.

« Ils entraient ensuite dans un état-major, ou
remplissaient les fonctions d'aide de camp auprès
des généraux commandants les divisions, les
subdivisions ou les troupes actives.

« Depuis 1818, ou pour mieux dire, depuis
1820, date de la première promotion de Saint-
Cyr, de grands abus s'étaient introduits dans
le corps d'état-major ; la loi de Gouvion-Saint-
Cyr n'était plus exécutée rigoureusement. D'abord,
à la sortie de l'École de Saint-Cyr ou de l'École
polytechnique, on ne tenait compte que de l'examen
qui donnait un numéro de classement ; on ou-
bliait qu'à côté des connaissances mathématiques,

---

(1) Erreur, rarement dans l'artillerie, jamais dans le
génie.

topographiques, historiques, devaient se placer des qualités toutes particulières : Un caractère calme et bienveillant, un esprit généralisateur dominant les questions, une grande facilité d'assimilation, un style clair rendant bien la pensée, rapide et sans écart, une parole facile et une heureuse mémoire. Enfin, le goût prononcé du travail, une activité physique exceptionnelle, une habileté remarquable en équitation, et le sentiment du respect indispensable, pour qui vit sans cesse avec ses supérieurs (1).

Pendant leurs stages régimentaires, quelques officiers d'état-major, détournés de leur service par les colonels eux-mêmes, remplissaient des fonctions qui ne leur apprenaient pas le métier.

Enfin, dans les états-majors, ils devenaient de véritables secrétaires, copiant des ordres, des lettres, des circulaires. Ce métier de commis les

(1) Dans cette judicieuse nomenclature des qualités nécessaires à l'officier d'état-major, le général nous paraît avoir oublié la connaissance d'une ou plusieurs langues étrangères.

humiliait et faisait disparaître le charme de la carrière. Aides de camp, ils ne trouvaient que rarement, auprès de leur général, un aliment substantiel pour leur intelligence. Un grand nombre donnaient eux-mêmes les ordres pour ne pas troubler le repos de leur chef (1).

« Ils voyaient de trop près les défauts du commandement pour ne pas devenir sceptiques et ennemis du travail.

« L'institution de Gouvion-Saint-Cyr avait péri, non par la faute des officiers d'état-major, mais bien par l'indifférence des chefs qui devaient les éclairer, les diriger, les commander, les instruire, les préparer pour la guerre.

« Au lieu de la corriger dans ses applications, on a brisé une œuvre excellente en soi. Tout en

---

(1) Ce que dit le général Ambert est si vrai que nous pourrions citer un général commandant une des plus importantes subdivisions de France, qui, l'été, s'en allait pendant trois mois à la campagne, à 200 lieues, laissant à son aide de camp mille ou quinze cents lettres signées en blanc pour expédier le service.

20.

condamnant l'ancien corps d'état-major, le gouvernement, depuis la paix, a souvent choisi des
officiers de l'ancien corps d'état-major pour ministres de la guerre. »

## PROMOTION DE L'ÉCOLE D'ÉTAT-MAJOR

ENTRÉE LE 1ᵉʳ JANVIER 836.

Ma promotion de l'École d'état-major, forte de
25 élèves, a donné à l'armée 3 généraux de division, 2 de brigade, un intendant, trois tués à l'ennemi :

Généraux de division : Pourcet, Reille (André),
Raoult (tué à l'ennemi).

Généraux de brigade : Manèque (mort à Metz
en 1870), Bonneau du Martray.

Intendant : Rossi.

Tué à l'ennemi : de Linage (colonel).

Mort à la Dobrutscha : de la Barre (chef d'escadron.

POURCET (Joseph-Auguste-Jean-Marie), général
de division d'état-major, grand-croix de la Légion
d'honneur, né à Toulouse (Haute-Garonne), le
19 mars 1813, entra à St-Cyr le 2 décembre 1830
et en sortit en 1832 sous-lieutenant-élève à l'École
de cavalerie de Saumur, du 1er octobre. Passé de
Saumur au 8e de chasseurs à cheval, le 13 novembre 1834, il obtint en 1835 de concourir pour
l'École d'application d'état-major où il fut admis
le 1er janvier 1836 officier-élève. Lieutenant le
1er janvier 1838, au corps royal d'état-major, sorti
le 1er de sa promotion, il fut envoyé aux travaux
topographiques de la carte de France où il resta
jusqu'au 10 janvier 1840. Il rejoignit à cette date,
en Afrique, le 2e léger, pour y faire son stage
d'infanterie. Alors commença pour M. Pourcet
une existence militaire des plus brillantes. Il fut
l'objet de citations nombreuses. Mis une première
fois à l'ordre, pour sa vigoureuse conduite au

combat de Mouzaïa où il avait été blessé le 29 avril 1840 ; une seconde fois, le 13 juin, pour le combat des Oliviers où il eut son cheval tué sous lui ; une troisième fois, pour le combat du 29 août où il eut encore son cheval tué dans une charge faite à la baïonnette par son régiment sur les réguliers d'Abd-el-Kader ; une quatrième à l'ordre du 20 septembre pour le combat de Kara-Mustapha où il tua de sa main un cavalier arabe et prit un cheval ; une cinquième fois à l'ordre d'octobre, lors du ravitaillement de Milianah. Décoré le 27 septembre 1840 pour ces nombreux faits de guerre, n'étant encore que lieutenant, il fut promu capitaine le 19 mars 1841.

Dès que cet officier eut terminé son stage d'infanterie, le général Changarnier, qui l'avait eu sous ses ordres au 2e léger dont il était le colonel, et l'avait vu à l'œuvre, le prit comme aide de camp, le 17 janvier 1842.

M. Pourcet fut de nouveau cité pour le combat contre les Beni-Menasser, en juillet 1842 ; pour celui contre les Beni-Ouragh, en décembre de la même année, combat dans lequel il eut encore un cheval tué sous lui.

Mis à la disposition du gouverneur général, le 2 février 1844, en expédition dans la province de Constantine, il fut cité à l'ordre après le combat d'Aïn-Sultan, en mai 1844, après celui des sources du Chéliff dans la province de Titery, étant aide de camp du général de La Rue.

Nommé officier de la Légion d'honneur le 27 août 1845, en récompense de ces faits d'armes, M. Pourcet revint en France et resta deux ans attaché à l'École d'état-major, du 14 novembre 1845 au 13 octobre 1847, puis il revint comme aide de camp auprès du général Changarnier et retourna en Afrique où il fit un second séjour, d'octobre 1847 à juin 1848. Promu chef d'escadron le 8 août 1848, il redevint aide de camp du général Changarnier, commandant en chef les troupes de la 1re division à Paris.

Disponible le 9 janvier 1851, le commandant Pourcet fut embarqué le 30 août pour la division d'occupation d'Italie. Il fut nommé lieutenant-

colonel le 15 août 1852, et revint de Rome pour
passer en Afrique chef d'état-major de la division d'Oran. Il ne quitta plus l'Algérie que pendant une année, du 25 août 1858 au 14 juin 1859,
pour exercer à Rome les fonctions de chef d'état-
major de la division d'occupation. Colonel du
26 mars 1855, chef d'état-major général à Alger
le 20 juin 1856, commandeur de la Légion d'honneur
le 10 novembre de la même année 1856, général de
brigade le 26 mai 1859, il prit le commandement
de la subdivision de la Haute-Garonne, à Toulouse le 31 mai 1859, et deux mois après, le
23 août, il eut les fonctions de chef d'état-major
général du commandement supérieur du 6e arrondissement (maréchal Niel). Élevé, le 6 mars 1867,
à la dignité de grand-officier, général de division
le 24 février 1869, un instant disponible, il reçut
le 19 mai le commandement de la province d'Alger, fit l'inspection générale des troupes station-
nées dans cette division à la tête de laquelle il
resta jusqu'au 4 octobre 1870. Rappelé alors en
France, pour la guerre contre l'Allemagne du

Nord, il reçoit le commandement du 16ᵉ corps à l'armée de la Loire, prend ce commandement à Blois le 19 octobre et organise ses troupes en occupant une position de la forêt de Marchenoir, à Mer. Il fait la campagne aux première et deuxième armées de la Loire jusqu'au 2 janvier 1871, époque à laquelle il est obligé, pour cause de santé, d'abandonner le 21ᵉ corps d'armée qu'il avait su organiser en peu de temps et à la tête duquel il avait obtenu des succès, à Blois, contre le 9ᵉ corps prussien.

Après la guerre, le 7 mars 1871, le général, à peu près rétabli, est mis à la tête de la 19ᵉ division territoriale, à Bourges, puis de la 12ᵉ à Toulouse le 29 du même mois. Le 7 mai 1872, il est nommé commissaire du gouvernement près le 1ᵉʳ conseil de guerre de la 1ʳᵉ division militaire, pour le procès intenté au maréchal Bazaine. Après avoir dirigé les débats de cet important procès avec beaucoup d'intelligence, il prend à Bayonne, le 29 décembre 1873, le commandement de la

36e division d'infanterie au 18e corps (1). Inspecteur général en 1874, 1875, 1876, 1877, sénateur, nommé dans la Haute-Garonne le 30 janvier 1876, grand-croix de la Légion d'honneur le 18 mars 1878, cet officier général, atteint par la limite d'âge, passa au cadre de réserve le 18 mars 1878, et, sur sa demande, fut mis à la pension de retraite, par décret présidentiel en date du 2 avril 1879.

Le général Pourcet, un des officiers de l'armée d'Afrique ayant obtenu le plus grand nombre de citations en Algérie, est décoré des ordres étrangers suivants : Nicham de 2e classe de Tunis, commandeur de Charles III d'Espagne, chevalier de 2e classe de l'ordre pontifical de Pie IX, de l'ordre de l'Épée de Suède, grand-croix de l'ordre de Saint-Grégoire-le-Grand.

Le général a publié un volume intitulé : *Cam-*

---

(1) Le service qu'il rendit alors au gouvernement espagnol par l'active surveillance qu'il exerça sur la frontière des Pyrénées pendant la guerre carliste, lui valut le titre de marquis d'Arneguy.

*pagne de la Loire* (1870-1871) qui ne manque pas d'intérêt et qui peut être fort utile pour l'histoire de la guerre en province. Il relate surtout les faits concernant les 16ᵉ et 25ᵉ corps, dont il avait eu le commandement.

Le comte REILLE (André-Charles-Victor), général de division d'état-major, commandeur de la Légion d'honneur, fils du maréchal Reille et de la fille du maréchal Masséna, naquit à Paris le 23 juillet 1815. Voulant suivre la carrière des deux illustres hommes de guerre son père et son grand-père, il se fit admettre à l'École spéciale militaire de Saint-Cyr, où il entra le 24 novembre 1833, à l'âge de 18 ans. Caporal le 11 septembre 1834, sergent le 24 novembre, il sortit de cette école dans un rang qui lui permit de concourir pour celle d'application d'état-major, où il fut reçu le 1ᵉʳ janvier 1836; sous-lieutenant-élève, lieutenant au corps royal d'état-major, le 1ᵉʳ janvier 1838, en stage régimentaire au 55ᵉ puis au 67ᵉ de ligne, à Paris, il

21

passa au 1er de hussards à Nancy pour son stage de cavalerie. Emmené en Afrique comme aide de camp par le général de Schramm, très lié avec son père, le jeune officier fit en avril et mai 1840 l'expédition de Médéah, puis en juin celle de Milianah.

Cité à l'ordre de l'armée d'Afrique pour sa bravoure aux combats du 23 et 26 juin au col de Mouzaïa, il reçut le 29 juillet la croix de chevalier de la Légion d'honneur.

Après ses stages régimentaires, en 1844, M. Reille, capitaine dès le 26 avril 1841, fut mis à l'état-major de la place à Paris, où il resta jusqu'à la formation de l'armée des Alpes, en 1848. Après la dissolution de cette armée et l'embarquement du corps de la Méditerranée, cet officier entra à l'état-major de la 1re division militaire, commandée par le général Changarnier. Chef d'escadron le 3 janvier 1853, il vint à l'état-major du ministre de la guerre, général Randon, qui, le 10 août, lui conféra la croix d'officier de la Légion d'honneur.

Après le coup d'État, le commandant Reille,

brillant écuyer, toujours bien monté, connaissant
les chevaux, fut chargé d'organiser les escadrons
des guides d'état-major, cavalerie d'élite dont il
eut le commandement et qui devint le noyau du
magnifique régiment du colonel Fleury. Le maréchal de Saint-Arnaud, devenu ministre de la guerre,
le prit à son état-major général et l'emmena avec
lui, en 1854, en Orient, en qualité d'officier d'ordonnance. M. Reille fit la campagne de Crimée et
le siège de Sébastopol comme sous-chef d'état-
major général du 1er corps (Pélissier, puis de
Salles), ayant été promu lieutenant-colonel le 6 janvier 1855. Il se trouva aux affaires du siège, et à
son retour en France, après la prise de la ville
russe en 1856, il eut les fonctions de chef d'état-
major de la 1re division d'infanterie de la garde
impériale, complètement organisée. En 1859, lors
de la déclaration de guerre à l'Autriche, il devint aide de camp de l'Empereur, auprès duquel il
fit la campagne d'Italie, qui le nomma colonel
le 27 mai, et lui donna la croix de commandeur
le 23 août 1861.

Général de brigade ie 13 août 1865, resté auprès de l'Empereur Napoléon III comme aide de camp, ainsi que jadis son père avait été auprès de Napoléon 1er, M. le comte André Reille fut encore avec le souverain, au commencement de la guerre de 1870 contre la Prusse. Prisonnier après la bataille de Sedan, il revint en France à la signature de la paix et resta quelque temps en disponibilité.

En 1873, il eut le commandement de la 3e brigade de chasseurs à cheval, à la 3e division de cavalerie (Ressayre) à Paris. Nommé général de division, le 3 mai 1875, il devint un des inspecteurs généraux de l'arme de la cavalerie, qu'il connaît à fond. Atteint par la limite d'âge, il entra au cadre de réserve le 23 juillet 1880. Le comte Reille est chevalier compagnon de l'ordre anglais du Bain, décoré des médailles de Crimée, d'Italie et de plusieurs ordres étrangers.

MANÈQUE (Claude-Isidore), général de brigade d'état-major, commandeur de la Légion d'hon-

neur, tué à l'ennemi, est né à Oleron (Basse-Pyré-
nées) le 1ᵉʳ novembre 1812. Entré à Saint-Cyr
le 1ᵉʳ décembre 1830, à l'âge de 18 ans, caporal
le 29 juin 1832, sous-lieutenant au 46ᵉ de ligne
le 1ᵉʳ octobre de la même année 1832, il concourut en 1835 pour l'École d'application d'état-major,
où il fut admis le 1ᵉʳ janvier 1836. Lieutenant au
corps royal d'état-major, le 1ᵉʳ janvier 1838, il fut
désigné pour le 7ᵉ de cuirassiers, afin d'y accomplir son stage régimentaire de cavalerie ; mais il
ne rejoignit pas ce régiment, ayant été détaché
aux travaux topographiques de la carte de France
le 4 avril de la même année. Capitaine le 2 janvier 1842, étant au 6ᵉ de chasseurs à cheval
depuis le 31 mars 1841, il termina son stage
le 4 avril 1842 et rentra à la carte de France.

Le 7 septembre 1848, lors de la formation de
la brigade Mollière à l'armée des Alpes, il fut
pris comme aide de camp par cet officier général.
A la mort de ce dernier, auprès duquel il avait
fait, du 15 avril 1849 au 14 janvier 1850, l'expédition de la Méditerranée et le siège de Rome, il

fut mis en disponibilité puis replacé comme aide
de camp auprès du général Rambaud, chargé de
l'inspection des services administratifs en Algérie, après avoir reçu, le 30 juin 1849, la croix de
chevalier de la Légion d'honneur. Aide de camp
du général d'Hautpoult, gouverneur général de
notre colonie, le 22 décembre, pendant le court
espace de temps que cet officier général conserva
cette position, M. le capitaine Manèque fut attaché, le 17 mai 1851, à l'état-major du gouverneur,
du 25 avril 1850 au 25 mars 1854.

Lors du départ de France de la première partie
du corps expéditionnaire pour l'Orient, le 1er mars
1854, cet officier, placé à l'état-major général,
embarqua avec le maréchal de Saint-Arnaud. Il fit
la guerre de Crimée, le siège de Sébastopol à cet
état-major général, fut blessé d'un éclat d'obus à
la bataille d'Inkermann, le 5 novembre 1854, fut
cité, promu chef d'escadron le 24 novembre 1854
et officier de la Légion d'honneur le 14 septembre 1855, après citation nouvelle dans l'ordre
relatif à l'attaque générale de la ville russe. Passé

à l'état-major de la 2ᵉ division d'infanterie de la
garde impériale, il fit, en 1859, la campagne
d'Italie contre l'Autriche, attaché au grand état-
major général. Promu lieutenant-colonel le 10 mai,
sous-chef d'état-major du 1ᵉʳ corps, il se trouva
à Magenta, à Solférino, eut son cheval tué sous
lui à cette dernière bataille, le 24 juin, et revint
en France, après la convention de Villafranca.

Le lieutenant-colonel Manèque fut envoyé à
Lyon, chef d'état-major de la 1ʳᵉ division d'infanterie de l'armée de ce nom, après le défilé des
troupes à Paris, puis appelé, le 24 novembre, aux
mêmes fonctions, à la division de cavalerie de
Versailles. Le 14 juillet 1862, cet officier supérieur, remarquable comme homme de guerre, vigoureux et intelligent, embarqua pour le Mexique,
sous-chef d'état-major du corps expéditionnaire.
Le 2 juillet, pendant la rude campagne du Nouveau-Monde, il reçut la croix de commandeur, et,
le 14 janvier 1864, les épaulettes de colonel. Rappelé en France, le 17 septembre 1864, le colonel
Manèque entra au ministère de la guerre, chef du

2ᵉ bureau à la 6ᵉ direction. Au bout de deux ans, il quitta des fonctions peu en rapport avec ses goûts et ses aptitudes, pour devenir chef d'état-major de la 1ʳᵉ division d'infanterie de la garde impériale.

Général de brigade le 2 août 1869, commandant la subdivision des Bouches-du-Rhône, à Marseille, le 22 octobre, puis celle de Loir-et-Cher, le 13 juin 1870, il se trouvait dans cette position lors de la déclaration de guerre à la Prusse, le 15 juillet 1870. Il fut investi, le 25 juillet, des fonctions de chef d'état-major général du 3ᵉ corps (Bazaine) de l'armée du Rhin. Blessé mortellement sous Metz, il mourut dans cette ville, le 9 septembre 1870, n'ayant pas eu la douleur d'assister à la reddition de la place, si énergiquement défendue.

Le général Manèque, frère d'un autre officier général qui s'était illustré à Solférino en enlevant avec sa brigade de voltigeurs de la garde la position de la tour, était décoré des médailles de Crimée, d'Italie, du Mexique, de celles de Sardaigne, d'Angleterre, et des ordres de Pie IX et du Medjidié. C'était un vigoureux soldat et un brillant officier, très capable, instruit et excellent chef d'état-major.

BONNEAU DU MARTRAY (Edmond), général de brigade d'état-major, commandeur de la Légion d'honneur, né à Semelay (Nièvre), le 1er mars 1813, élève de l'École polytechnique, le 13 novembre 1833, à l'âge de vingt ans, sorti le 1er octobre 1835, avec le numéro 37 de sa promotion, ayant opté pour le service militaire et demandé à entrer à l'École d'état-major, y fut admis le 1er janvier 1836, comme sous-lieutenant-élève, détaché du 11e régiment de chasseurs à cheval. Lieutenant au corps royal d'état-major, le 1er janvier 1838, ayant obtenu le numéro 4, il fut envoyé, pour son stage d'infanterie, au 14e d'infanterie légère, et pour son stage de cavalerie, au 6e de cuirassiers. Capitaine le 31 octobre 1841, il devint aide de camp du général Hecquet, commandant une brigade d'infanterie à Paris. En 1843, le capitaine du Martray obtint de

21.

passer à l'état-major du gouverneur général de l'Algérie (général Bugeaud). Il resta dans notre colonie jusqu'en 1847, fit de nombreuses expéditions, fut cité deux fois à l'ordre de l'armée d'Afrique, et reçut la croix de chevalier de la Légion d'honneur, pour fait de guerre, le 28 avril 1846.

Successivement aide de camp du général de Garraube, commandant une brigade d'infanterie à Paris, du général Corbin, à la Rochelle, du général de Schramm, ministre de la guerre, et, en dernier lieu, du général Korte, commandant la division de cavalerie de l'armée de Paris, il fut promu chef d'escadron le 14 janvier 1853.

Passé, en 1857, à l'état-major de la 1ʳᵉ division d'infanterie (Forey) de l'armée de Paris, puis, en 1859, pendant la guerre d'Italie, à l'état-major général de cette armée. Officier de la Légion d'honneur le 14 mars 1860, lieutenant-colonel le 12 août 1862, il prit d'abord les fonctions de chef d'état-major de la 11ᵉ division militaire territoriale, à Perpignan ; puis, lorsque le général Forey fut

envoyé au Mexique pour commander le corps expéditionnaire au Nouveau-Monde, M. du Martray
obtint de le suivre avec le titre de sous-chef d'état-
major. Il fit cette rude campagne en cette qualité,
remplit à plusieurs reprises les fonctions de chef
d'état-major, et resta dans le pays, à la Vera-Cruz,
jusqu'à la fin de la guerre. Laissé dans cette place
avec la mission de régler un certain nombre d'affaires importantes avec les autorités mexicaines,
il s'embarqua le dernier de l'armée française, le
16 mars 1867, sur un paquebot transatlantique
qui le ramena en France. En débarquant, il trouva
sa nomination au grade de colonel, en récompense
des services qu'il avait rendus, nomination datée
du 30 mars 1867.

Attaché, de 1867 à 1869, au dépôt de la guerre;
nommé chef d'état-major de la 2e division de
l'armée de Paris, celle du général de Castagny,
division envoyée au 3e corps de la première armée
du Rhin, il fit avec elle la guerre de 1870-1871,
prit part à toutes les batailles et combats autour
de Metz, à la défense de cette place, et fut pri-

sonnier en Allemagne, après la capitulation du 28 octobre.

De retour en France, à la signature de la paix, le colonel fut chargé d'une mission délicate et secrète, dont il s'acquitta avec intelligence et bonheur, celle de retrouver les archives de l'armée du Rhin, qui étaient restées cachées et qu'on savait avoir échappé jusque-là à toutes les recherches des Prussiens.

Au nombre des pièces que rapporta M. du Martray, se trouvait une proposition en sa faveur pour la croix de commandeur, proposition faite à la suite de la bataille de Borny. Le 20 avril 1871, il reçut cette décoration. Général de brigade le 27 février 1873, investi des fonctions de chef d'état-major général du 1er corps d'armée, il ne tarda pas à passer au cadre de réserve, atteint par la limite d'âge.

Encore plein de vigueur, le général n'a pas sollicité sa mise à la retraite, et se trouve prêt à reprendre du service actif, si les circonstances le demandaient.

Rossi (Néponis-Pierre-Alphonse-Félix-Marie), intendant militaire, commandeur de la Légion d'honneur, né à Alexandrie (Piémont), de parents français, le 4 juin 1813. Admis à Saint-Cyr le 25 novembre 1833, après avoir contracté un engagement volontaire, sous-lieutenant le 1er octobre 1835, reçu à l'École d'application d'état-major le 1er janvier 1836, officier-élève, détaché du 14e léger, lieutenant au corps royal d'état-major le 1er janvier 1838, fut envoyé le 3 février au 1er léger pour y accomplir son stage d'infanterie. Il passa, le 5 mai 1840, aux travaux topographiques de la carte de France, avant son stage de cavalerie, qu'il fit du 2 mai 1842 au 26 mars 1844, au 3e de chasseurs à cheval de France, comme capitaine, du 2 janvier 1842.

Rentré à la carte de France, le 26 mars 1844, M. Rossi, à la suite de brillants examens, fut admis, comme adjoint de 1re classe, au corps de l'intendance militaire, le 10 août 1844, et envoyé pour son stage à Carcassonne. Adjoint de 1re classe le 20 juin 1847 étant à Avignon, il fut à Bordeaux et passa sous-intendant de 2⁰ classe, le 25 février 1851, à Valence.

Le 18 mai 1853, cet officier de l'intendance fut embarqué pour l'Algérie, à Mostaganem, province d'Oran, où il resta jusqu'au mois de janvier 1855. Décoré le 9 août 1854, étant à l'armée d'Orient, il fut promu à la 1ʳᵉ classe le 15 septembre 1855. Après la prise de la ville russe, il revint en France en 1856, à Grenoble, le 1ᵉʳ juillet, y reçut la croix d'officier, le 6 septembre 1860, et le grade d'intendant, le 7 avril 1867, de la 18ᵉ division militaire, à Tours, où il se trouvait lors de la guerre de 1870-1871 contre la Prusse. Maintenu à Tours après la guerre, commandeur le 22 mars 1872, il prit sa retraite le 25 août 1879, atteint par la limite d'âge.

DE LA BARRE (Louis-Stanislas-Raoul), chef d'escadron d'état-major, chevalier de la Légion d'honneur, mort en campagne, était né à Orgelet (Jura) le 12 mai 1815. Admis à l'École militaire préparatoire de la Flèche en 1826, il y fit de brillantes

études et entra à Saint-Cyr en 1833. Caporal le
11 septembre 1834, sergent le 30 novembre, il en
sortit en 1835, sous-lieutenant au 6e de ligne du
1er octobre. Admis par son numéro à concourir
pour l'École d'application d'état-major, il y fut
reçu le 1er janvier 1836. Lieutenant au corps royal
d'état-major, le 1er janvier 1838, il fut envoyé au
66e de ligne pour son stage d'infanterie, à la brigade d'occupation d'Ancône, et au 1er de carabiniers pour son stage de cavalerie. Capitaine le
2 janvier 1842, successivement aide de camp des
généraux de Brack, Davesies de Pontès, il fut
attaché le 1er novembre 1848 à la personne du prince
Jérôme Napoléon, l'ancien roi de Wesphalie, gouverneur des Invalides, qu'il quitta le 9 janvier 1849
pour entrer à l'état-major du ministre de la
guerre.

Chef d'escadron le 10 août 1853, décoré et attaché à l'état-major de la 12e division militaire territoriale, il embarqua en mars 1854 pour l'Orient,
à l'état-major de la 1re division d'infanterie (Canrobert) du corps expéditionnaire. En août, ayant

suivi la brigade Espinasse, dans la pointe sur la Dobrutscha, il fut emporté par le choléra.

ROZIER DE LINAGE (Joseph-Alphonse-Amédée), lieutenant-colonel d'état-major, officier de la Légion d'honneur, tué à l'ennemi, naquit à Chantesse (Isère), le 28 mars 1814. Il fit à l'École préparatoire de la Flèche, de 1824 à 1830, de brillantes études, et entra à Saint-Cyr, le 1er décembre 1830, avec un des premiers numéros de sa promotion. Caporal le 28 septembre 1831, sergent le 16 février 1832, il en sortit sous-lieutenant au 40e de ligne le 1er octobre 1832.

Ayant continué ses études au régiment et obtenu, en 1835, de concourir pour l'École d'application d'état-major, il y fut admis le 1er janvier 1836 comme officier-élève. Lieutenant au corps royal d'état-major, le 1er janvier 1838, il fit son stage régimentaire de cavalerie au 7e de dragons, de 1838 à 1840, et fut ensuite détaché aux travaux topographiques de la carte de France.

Capitaine le 19 mars 1844, homme fort instruit

dans les sciences exactes, il fut nommé professeur adjoint d'astronomie et de géodésie à l'École d'état-major, et y devint professeur titulaire le 10 janvier 1848. Le 10 mai 1852, il reçut la croix de chevalier de la Légion d'honneur et fut promu chef d'escadron au tour du choix, le 2 octobre 1855. Pris comme aide de camp par le maréchal Randon, ministre de la guerre, officier de la Légion d'honneur le 15 août 1860, il ne tarda pas à être investi des fonctions importantes de secrétaire du comité de gendarmerie.

Lieutenant-colonel le 22 août 1862, M. de Linage prit le commandement en second et la direction des études à l'École d'état-major. Il occupait cette position au moment de la déclaration de guerre à la Prusse, le 15 juillet, exerçant ses fonctions avec une haute intelligence et une grande aménité. Sur sa demande, le 19 août 1870, il quitta l'École d'application pour devenir chef d'état-major de la 2e division d'infanterie (Liebert) du 7e corps (Félix Douay) à l'armée de Sedan.

Le 1er septembre, à la bataille de Sedan, il fut

grièvement blessé et succomba à Floing, le 4 du
même mois, à la suite de ses blessures.

RAOULT (Noël), général de division, tué à l'ennemi,
commandeur de la Légion d'honneur, né à Meaux
(Seine-et-Marne), le 26 décembre 1810, entra au
service le 4 janvier 1831, comme engagé volontaire
au 11ᵉ de ligne. Profitant de la mesure en vertu de
laquelle les sous-officiers et soldats étaient admis
à concourir pour l'École de Saint-Cyr, il travailla
avec ardeur à compléter son éducation première,
aidé par un jeune officier d'état-major alors à son
régiment (1), se présenta aux examens en 1833 et
fut reçu dans un bon rang.

Raoult, très bon sujet, homme du devoir avant
tout, plus grave, plus sérieux qu'on ne l'est habituellement à son âge, fut nommé caporal à son
régiment, le 9 janvier 1832, puis sergent le 9 juillet.

Une fois à Saint-Cyr, sa bonne conduite, son

(1) Saget, mort général de division.

zèle, son application à l'étude, lui valurent les galons de caporal le 11 septembre 1834, ceux de sergent-fourrier le 1er mai 1835 et de sergent-major. Sorti dans les vingt premiers de sa promotion, il fut nommé sous-lieutenant au 11e de ligne, son ancien régiment, le 1er octobre 1835, et usant de la faculté que lui donnait son numéro de sortie, il concourut pour l'École d'application d'état-major, où il fut reçu le 1er janvier 1836.

Lieutenant au corps royal d'état-major, le 1er janvier 1838, il obtint de faire son stage régimentaire d'infanterie au 26e de ligne, alors en Algérie, où il fit plusieurs expéditions. Passé au 2e de carabiniers, le 11 avril 1840, il quitta ce régiment, le 30 juillet de la même année, pour terminer son stage de cavalerie au 1er de chasseurs d'Afrique, au camp de Mustapha sous Alger. Il fit de nouvelles expéditions avec ce corps. Dans l'une d'elles, le 3 mai 1841, il fut blessé d'un coup de yatagan à la main. Il fut cité dans le rapport du gouverneur général en date du 13 mai, pour avoir, dans ce combat du 3 mai, sauvé la vie à un de ses chasseurs et tué trois

Arabes de sa main. Ce beau fait d'armes lui valut
la croix de chevalier de la Légion d'honneur, qui
lui fut conférée le 28 mai. Capitaine le 26 mai 1842,
dès que ses stages régimentaires furent terminés,
il fut placé à l'état-major général du gouverneur
de l'Algérie, qui n'avait garde de laisser échapper
un officier de ce mérite.

Le combat du 11 juillet 1843 valut au capitaine
Raoult une autre citation au rapport du gouverneur
général en date du 18 juillet. Le 5 août 1843, nouveau rapport du gouverneur, citant une fois de plus
cet officier pour sa belle conduite au combat du
26 juillet, contre les Ouled-Rabn. Deux fois encore
Raoult fut cité aux rapports du gouverneur des
18 mai 1844, pour le combat du 17 mai à l'Ouar-
rens-Eddin ; et du 27 juin 1846, pour les opérations
dans le Dahara. Ses brillants faits d'armes furent
récompensés par la croix d'officier de la Légion
d'honneur, distinction rare pour un officier de son
grade, mais bien méritée, et que le jeune capitaine
obtint le 20 août 1845.

Le 4 juin 1848, Raoult devint aide de camp du

général d'Arbouville, commandant une division
d'infanterie de l'armée des Alpes. Il se trouvait à
Lyon en juillet 1849, lors des émeutes de cette
ville. En menant les troupes à l'attaque de la Croix-
Rousse, il fut blessé d'une balle à la tête. Cette nouvelle blessure et sa vigoureuse conduite le firent
nommer chef d'escadron. Il resta auprès de son
général et ne le quitta qu'en 1852 époque de la
mise au cadre de réserve de ce dernier. Le 31 juillet 1849, le commandant fut placé à l'état-major
de la 6e division militaire, où il se trouvait lors de
la formation du premier corps expéditionnaire
envoyé en Orient.

Attaché à l'état-major de la 2e division (Bosquet),
il embarqua un des premiers pour l'Orient en mars
1854, se trouva à la bataille de l'Alma et vint devant
Sébastopol. Le siège de la ville russe ayant été
résolu, le commandant Raoult sollicita et obtint le
poste périlleux d'aide-major de tranchée, veillant
nuit et jour, constamment en butte aux projectiles
ennemis, il signalait les sorties du haut du *clocheton*,
voyant, qui se passait dans la place, du haut du plus

dangereux observatoire. Promu lieutenant-colonel
le 14 août 1854, il fut en outre investi des fonctions
de major de tranchée le 8 octobre. Il s'acquitta de
sa mission de manière à mériter une distinction
unique, la croix de commandeur, qu'il obtint le
29 décembre 1854. Les ordres du jour de l'armée
d'Orient, pendant le mois de mai 1855, signalent le
commandant Raoult pour sa valeureuse et intelli-
gente conduite dans les combats de nuit des 1er et
2 mai, des 22, 23, 24 du même mois. Le 8 septembre, à l'attaque générale, Raoult fut blessé grièvement. En outre, le vent d'un boulet passé près de
son visage lui fit perdre en partie les sens du goût
et de l'odorat.

Colonel le 19 septembre 1855, Raoult revint en
France en 1856, chef d'état-major de la 3e division
d'infanterie du 1er corps d'armée, à Paris, puis il
passa chef d'état-major de la 4e division militaire.

Le colonel était fort modeste ; peu de militaires,
en dehors de ceux ayant pris part au siège de
Sébastopol, savaient que ce simple officier supé-

rieur était un des hommes qui avaient le plus contribué à la prise de la place. Mais son défenseur,
l'illustre général russe Totleben, le savait bien,
lui. Il avait pour le colonel Raoult une estime profonde ; aussi, étant venu en France, il s'empressa
d'aller rendre visite à son adversaire de la veille,
devenu son ami. Il se jeta dans ses bras, parla de
lui à l'empereur Napoléon III, le lui présenta en
avouant que Raoult était l'officier qui l'avait le
plus gêné dans sa défense.

L'attention du souverain ayant été appelée sur
le colonel par son loyal adversaire, Raoult fut
nommé chef d'état-major général de la garde impériale, le 18 août 1857. C'est en cette qualité qu'il
fit la campagne d'Italie en 1859. Promu général de
brigade le 12 mai 1860, un instant en disponibilité,
il fut chargé, en août, de l'inspection des officiers
du corps d'état-major employés au 4e corps d'armée, à Lyon. L'année suivante, il fut investi du
commandement de la subdivision du Nord, à Lille
(26 février 1861), puis de la subdivision de l'Aisne,
à Soissons, le 24 août 1866, de celle des Ardennes le

16 août 1867, et enfin d'une des brigades d'infanterie de la division d'occupation de Rome, le 19 octobre 1867.

Général de division le 2 août 1869, il était membre du comité d'état-major en 1870, lors de la déclaration de guerre à la Prusse. Le 25 juillet il reçut l'ordre de se rendre au 1er corps de la première armée du Rhin, pour y prendre le commandement de la 3e division d'infanterie. Blessé à mort à Freschviller, transporté dans le château de Reichshoffen, celui du comte de Leusse, par les soins d'un officier supérieur, le commandant Duhousset, fils de l'ancien professeur de Saint-Cyr, qui ne voulut pas l'abandonner sur le champ de bataille, l'héroïque général expira dans les bras de son aide de camp improvisé, le 4 septembre.

Le général Raoult, décoré des médailles de Crimée, d'Italie, de la valeur militaire de Sardaigne, de Mentana, des ordres du Bain et du Medjidié, est le type le plus parfait du soldat français et du général instruit et intelligent.

Nous croyons qu'on ne lira pas sans intérêt le

récit authentique des derniers moments de cet héroïque soldat.

L'une des premières victimes de la guerre contre la Prusse a été le général Raoult, commandant la 3ᵉ division du 1ᵉʳ corps, blessé en avant du village de Frœschwiller et mort un mois plus tard, le 3 septembre, au château du comte de Leusse.

Tout le monde, dans l'armée française, aimait, mais surtout estimait le général Raoult. Enfant de ses œuvres, s'étant élevé aux premiers rangs de la hiérarchie militaire par *ses seuls services de guerre*, d'un caractère à la fois honnête, doux et sérieux, d'une bravoure chevaleresque, ayant montré en Afrique, en Crimée surtout, comme major de tranchée, une intelligence des plus remarquables, cet officier général passait, à juste titre, pour l'un de nos hommes de guerre les plus complets.

Il fut blessé à plusieurs reprises, deux fois entre autres devant Sébastopol, où il occupait le poste le plus périlleux du siège. Lorsque, après

22

là conclusion de la paix, en 1856, le général russe Totleben vint en France, il courut se jeter dans les bras du colonel Raoult, alors simple chef d'état-major de la division de Châlons, et le présentant à l'Empereur :

« — Sire, lui dit-il, voilà l'homme qui m'a le plus gêné dans ma défense, et celui qui a le plus contribué à la prise de Sébastopol par les troupes de Votre Majesté. »

Raoult, fort modeste, n'était même pas connu de l'empereur, qui s'empressa alors de le placer dans sa garde.

Pendant le siège de la ville russe, Raoult avait obtenu une distinction sans précédent, la croix de commandeur, n'étant que lieutenant-colonel. Un obus, en rasant sa figure sans le toucher, lui avait, chose singulière, enlevé le goût et l'odorat. Cette circonstance n'avait fait que fortifier sa tristesse habituelle.

Excellent juge en fait de choses militaires, il aurait voulu qu'on ne livrât pas bataille à Frœschwiller. La bataille ayant lieu, la résolution de

Raoult fut prise. La victoire était impossible, il ne quitterait pas le champ de bataille et se ferait tuer. Il a malheureusement trop bien tenu ce serment.

Je connaissais beaucoup Raoult, nous étions de la même promotion à l'École de Saint-Cyr ; j'avais pour lui la profonde estime, qu'il méritait, et bien qu'ayant quitté les rangs de l'armée depuis longtemps, j'avais toujours suivi de l'œil son existence militaire avec le plus vif intérêt. Me trouvant dans l'atelier d'un peintre de mes amis, où étaient réunies plusieurs personnes, vers le milieu de l'hiver dernier, j'entendis, un beau jour, prononcer le nom de Raoult.

Un des assistants racontait de la manière suivante les derniers jours du brave général. On va voir que personne n'était plus autorisé que le conteur à faire ce récit, puisque sur le champ de bataille même de Frœschwiller, et pendant un grand mois ensuite, au château de Leusse, il avait soigné le général, non seulement avec le dévouement d'un camarade, mais avec la tendresse, la sollicitude d'un frère.

J'écoutai en silence, avec le plus vif intérêt, ce récit touchant. Je vais le rapporter de mon mieux.

— La veille de Frœschwiller, disait M. Duhousset, j'étais arrivé à la division Raoult, du 1er corps, n'ayant jamais vu le général, mais le connaissant de réputation. Le matin de la bataille, mon bataillon fut placé à l'extrême gauche de la ligne, au-dessous du village, dans les bois.

Autour de moi tous les officiers d'un grade supérieur au mien tombaient successivement, comme si la Providence voulait me réserver le dangereux honneur de rester le dernier sur ce champ de bataille couvert de morts et de mourants, que les projectiles venaient à chaque instant labourer. Les débris d'un régiment de turcos, d'un régiment de ligne et de deux bataillons de chasseurs tenaient encore. Vers quatre heures et demie, j'en pris le commandement. Depuis une heure (je le sus plus tard), la retraite était sonnée. Enfin, je m'aperçus que j'avais été oublié, moi et les miens.

Résigné à mon triste sort, je rassemblai mes

pauvres soldats et leur intimai l'ordre de chercher
à rejoindre les nôtres. Voulant donner un dernier
coup d'œil au champ de bataille et m'assurer par
moi-même de ce qui se passait sur le plateau, je pris
un petit sentier à travers le bois, et, sans beaucoup
m'inquiéter des projectiles qui brisaient les
branches, je me mis à gravir la pente le sabre au
fourreau, avec la philosophie et l'insouciance de la
vie, que l'on a parfois dans certaines circonstances
terribles.

Au moment où j'atteignais le plateau devant
Frœschwiller en ruines, j'aperçois un officier
couché par terre et vivant encore. Je me précipite
vers lui et je reconnais le brave général qui commande notre division.

— Vous êtes blessé, mon général ? — Oui, je
ne tarderai pas à mourir ; retirez-vous. — Je ne
vous abandonnerai pas ainsi, seul, sur la route.—
Retirez-vous, je vous l'ordonne. — Impossible de
vous obéir. Je ne vous laisserai pas sans défense,
et (l'embrassant), moi vivant, on ne touchera pas
à vos épaulettes.

22.

— Parbleu ! me disais-je, voilà bien le cas de mourir honorablement.

Pendant cette singulière discussion sur le champ de bataille, alors désert, tout à l'heure si animé, une patrouille bavaroise se montre à quelques centaines de mètres et commence à nous envoyer des balles sans nous atteindre. — J'essaye de traî ner par les épaules le général, pour le mettre à l'abri derrière une maison. Il avait la cuisse brisée près du col du fémur et souffrait horriblement, mais stoïquement, sans faire entendre la moindre plainte.

« — Vous allez être tué, me dit le brave Raoult, ne songeant qu'au danger que je cours. — Eh ! qu'importe, mon général ? — Entêté ! murmure Raoult. Allons, vite, agitez votre mouchoir. » J'obéis, la patrouille arrive sur nous en courant et veut déjà se disputer nos dépouilles, lorsque paraît un officier ennemi. Le général Raoult me dit de lui remettre son épée. A l'instant nous sommes joints par un général bavarois. C'est le général Von der Thann. Il se penche sur le pauvre

blessé, le reconnaît, car il a combattu près de lui, en Afrique. Il lui serre la main en le plaignant, et s'empresse de le faire transporter dans une cabane ; puis il envoie prévenir le prince royal de Prusse. Ce dernier ne tarde pas à arriver.

Aussitôt, et sans se soucier des terribles souffrances qu'il endure, l'héroïque Raoult se soulève : « Monseigneur, dit-il au prince, je vous présente mon aide de camp, qui, malgré mes ordres, a refusé de m'abandonner, voulant suivre mon sort. » Le prince me regarde, fait le salut militaire, me serre la main : « Vous êtes libre, monsieur, me dit-il, en récompense de votre dévouement. Je vais donner des ordres pour que votre brave général et vous soyez transportés. Hâtez-vous de gagner Strasbourg ou Paris, pour que votre cher blessé reçoive les soins nécessaires à son état. » Il nous quitte alors et nous envoie son premier chirurgien.

Je n'oublierai de ma vie la parole sympathique du prince, sa tournure militaire, belle et sans raideur, son affabilité.

Le lendemain matin, une voiture d'ambulance nous transportait à Reischoffen, au château du comte de Leusse, car le général n'avait pu être évacué plus loin. Le docteur Sédillot, qui vint de Haguenau visiter l'ambulance, déclara, dès le premier jour, que le général ne pouvait guérir.

En effet, au bout d'un mois, jour pour jour, le brave Raoult rendit à Dieu sa belle âme de soldat, sans s'être plaint.

Tous, dans l'atelier du peintre, nous écoutions avec une sorte de recueillement la parole si simple de l'officier, et le récit des moments suprêmes de son général.

Il y eut un instant de silence. Les derniers mots m'avaient fait reconnaître que j'avais devant moi, non seulement un cœur noble et généreux, un intrépide soldat, mais un artiste.

— Et vous, monsieur, osai-je lui dire, après la mort du brave Raoult, qu'êtes-vous devenu ?

— Oh ! moi, dit-il en souriant, non seulement je ne suis pas mort, quoique j'aie été bien malade, attendu qu'une sorte de typhus a régné au château de Leusse et que je l'ai subi comme les autres habitants de Reischoffen, mais je dois avouer que depuis mon rétablissement tout m'a réussi.

Pendant mon séjour dans la maison hospitalière du comte de Leusse, seul valide, avec notre hôte, je m'asseyais à table en face de lui pour l'aider à en faire les honneurs. Nous étions souvent de douze à seize convives. Là vinrent prendre place successivement les plus grands personnages de l'Allemagne, le prince de Saxe-Weimar, beau-frère du roi de Wurtemberg, général de cavalerie et inspecteur des ambulances, des chevaliers de Saint-Jean et bien d'autres.

Le prince de Saxe-Weimar s'occupait avec une sollicitude touchante des blessés dont le château et le village étaient encombrés. Il leur prodiguait ses soins et ceux de ses ambulanciers. Or, voyez comme est grand le hasard :

Un jour, le comte de Leusse reçoit parmi ses hôtes ce prince ; il lui fait une visite et le trouve

fort occupé à lire, dans un volume illustré du
*Tour du Monde*, un article sur les mœurs et les
coutumes des Kabyles du Djurjura. Le prince lui
parle de cet article, qui, dit-il, l'a intéressé. Le
comte sourit, et à table il dit tout haut :

— Monseigneur, vous pouvez faire votre compliment à l'auteur de l'article que vous lisiez, c'est
votre voisin.

Le fait était vrai. Le prince se tourne aussitôt
vers moi, s'empresse de me féliciter et de mettre
la conversation avec beaucoup d'amabilité sur mes
voyages. On comprend si je saisis la balle au
bond.

J'étais si heureux de sortir, ne fût-ce que pour
un instant, des préoccupations du moment !

Cette circonstance fut pour moi des plus heu-
reuses, le prince de Saxe-Weimar a été ma providence. Jugez-en.

— Mais pardon, dit en s'interrompant tout à coup
le narrateur, j'oublie de vous dire les derniers
moments du général Raoult, c'est beaucoup plus
intéressant que ce qui me concerne.

L'état de mon héroïque blessé ne tarda pas à empirer. Dans la même chambre que la sienne étaient les colonels de Gramont et de Vassart. Ce dernier, blessé de trois balles dans les reins, succomba le 7 août. M. de Gramont, soustrait au foyer d'infection dans lequel nous étions contraints de vivre, guérit, malgré l'opération terrible qu'on lui avait faite sur le champ de bataille de la désarticulation du bras gauche. Le général, qui avait vu avec peine ses compagnons d'infortune transportés ailleurs, fut chloroformé le 22 août. On lui fit une large entaille par laquelle on put extraire de la blessure de fortes esquilles provenant du fémur brisé. Ce fut la seule fois que l'on pansa l'excavation produite par la sortie du projectile.

Il importait de ne pas faire souffrir inutilement le malheureux condamné à une mort certaine. Le 23 août, je fermai les yeux au commandant Warmé, du 99°. Une balle entrée au-dessous du cœur était incrustée d'un fragment de sa croix d'officier. Je plaçai sous enveloppe cette croix et la montre de ce pauvre camarade, et remis ces tristes reliques au comte de Leusse, qui les joignit, pour les faire parvenir aux familles, à celles que lui laissaient les malheureuses victimes de la guerre mortes dans son château.

L'état de décomposition du général Raoult augmentant chaque jour, les visites devinrent plus rares et plus courtes ; il était recommandé, du reste, de ne pas demeurer trop longtemps dans sa chambre, dont l'air était devenu malsain. Je restais presque seul auprès de mon cher blessé.

Le major allemand qui commandait à Reischoffen nous ayant annoncé qu'il allait partir, je craignis qu'on ne m'enlevât d'auprès du général. Le prince royal m'avait rendu libre, mais le fait n'était constaté par aucun écrit. On m'offrit la liberté si je voulais m'engager à ne pas servir contre la Prusse ; j'acceptai pour ne pas être brusquement enlevé au général par le successeur du major bavarois. On me remit un papier, mais je ne voulus jamais en profiter pour rentrer en France. La pièce qu'on me donna était datée du 27 août.

Le 29, l'aumônier et les médecins quittèrent le château du comte de Leusse. Cette circonstance fut très sensible au pauvre général et lui porta le dernier coup. A partir du 30 août, il s'affaiblit considérablement, et, malgré sa forte constitution, il devint facile de prévoir sa fin prochaine. Sa plaie était horrible à voir, et il en supportait le pansement, toujours difficile et douloureux, sans la moindre plainte. Son regard interrogeait sans cesse le mien, lorsque la fatigue ne fermait pas momentanément ses yeux.

Le 1er septembre, j'eus encore la douleur de recevoir le dernier soupir d'un brave soldat et d'un charmant camarade, le capitaine comte de Saint-Sauveur. Il mourut étouffé par une angine couenneuse, conséquence d'une blessure qui lui traversait la poitrine ; il avait vingt-huit ans. Quelques heures après sa mort, ses traits ayant repris leur calme, il ressemblait, avec sa longue barbe blonde et ondoyante, avec les belles lignes de son visage, avec sa taille élégante, à ces images du Christ peintes par les grands maîtres.

Le 2 septembre, le typhus se déclara au château ; tous les blessés transportables furent évacués ; ceux qui ne purent s'éloigner moururent tous à quelques jours de distance.

Le 3 septembre, vers minuit, le général, très agité depuis quelques heures, arracha le bandage qui maintenait ses compresses, éparpilla la charpie ; on eut toutes les peines du monde à se rendre maître du moribond ; enfin, épuisé par cette agitation fébrile, il ferma les yeux ; sa respiration, d'abord violente, s'abaissa graduellement ; à une heure du matin il rendit le dernier soupir. Il mourut stoïquement, sans proférer une plainte. D'autres plus autorisés que moi en parleront sans doute. Je l'ai ramassé blessé sur le champ de bataille ; j'ai vécu quatre semaines auprès de lui ; ses vertus militaires sont connues de toute l'armée. D'un abord triste et calme, d'une grande réserve, d'une politesse froide, nullement courtisan, il ne devait pas avoir d'ennemi ; cependant, je n'ai pas appris sans étonnement que la malveillance s'était plu à répandre le bruit que ce brave soldat était passé aux Allemands. Au lieu de cela, Raoult, offrant sa poitrine aux coups de nos adversaires, et rassemblant, pour tenir jusqu'à la dernière extrémité, les tristes épaves de sa belle division, Raoult refusait de quitter le champ de bataille, et tombait glorieusement, victime d'un acte militaire auquel il avait cherché à s'opposer.

Il ne pouvait se consoler en pensant qu'il avait vu périr autour de lui, écrasés par la mitraille, ses vieux compagnons d'Afrique, de Crimée et d'Italie.

Le 4 septembre, tout ce que l'ennemi avait d'officiers et de soldats valides autour de Reischoffen fut convoqué pour rendre les derniers honneurs à celui pour lequel ils professaient une réelle admiration.

Après ces paroles, qui nous avaient si fort intéressés, le dernier ami du pauvre général Raoult resta silencieux.

— Monsieur, lui dis-je, vous avez bien voulu nous laisser espérer que vous nous feriez con-

naître la fin de ce triste épisode en ce qui vous
concerne. — Oh ! reprit le narrateur, ce que j'ai
à vous dire n'a plus guère d'intérêt ; cependant,
cela prouve que les Allemands, à l'esprit studieux,
sérieux et positif, aiment la science et ceux qui
s'en occupent. Je crois avoir rendu, pendant ma
captivité, à mon pays le service de prouver que
dans l'armée française il y a des officiers aimant
le travail. Je continue donc.

Le 12 septembre, l'ordre d'évacuer Reischoffen
arriva brusquement ; on mit en wagon tous ceux
qui pouvaient être transportés, en les plaçant,
tant bien que mal, dans des voitures de 3e classe
ou de bagages. Nous arrivâmes le lendemain, 13,
à une heure du matin, dans la gare de Stuttgard.
Au moment où je descendais du chemin de fer,
fort triste en pensant que j'allais partir pour la
forteresse d'Ulm, où l'on devait nous enfermer,
j'eus le bonheur d'être pris sous le bras par le
prince de Saxe-Weimar. Il s'empressa de me demander quel service il pouvait me rendre. Je lui
exprimai ma reconnaissance et le désir que j'avais

de rester à Stuttgard, ville dans laquelle je trou-
verais de belles bibliothèques et toute facilité
pour continuer des études sur les chevaux, travaux auxquels j'attachais une très grande importance, et que je désirais mener à bonne fin pendant ma captivité. Je savais, en effet, que la
capitale du Wurtemberg et ses environs possé-
daient les plus beaux haras de chevaux arabes.
Le prince connaissait mon aventure du champ de
bataille de Frœschwiller, ma rencontre avec le
prince de Prusse ; je le priai de faire valoir en ma
faveur la liberté qui m'avait été rendue et dont je
n'avais pas voulu profiter. Il sourit, me recom-
manda de laisser partir seuls mes compagnons
d'infortune, et, me serrant affectueusement la
main, me quitta.

Je ne tardai pas à être informé officiellement
que j'étais interné à Stuttgard, avec liberté d'action jusqu'à trois lieues aux environs de la ville.
Je fus aussitôt remercier le prince de Saxe-Weimar, qui, à toutes ces bontés, ajouta celle de
mettre sa bourse à ma disposition. Je n'étais pas

riche, cependant je remerciai le prince et ne voulus rien accepter, espérant pouvoir me tirer d'affaire tout seul. En effet, je ne tardai pas à être
mis en relation avec tous les hommes qui, dans
ce pays, s'occupaient de science, d'art, et principalement de l'étude du cheval. Le directeur de
l'école vétérinaire, homme d'un grand mérite, me
fit l'accueil le plus cordial, et m'adjoignit à ses
travaux sur les races et sur les allures.

La première conséquence de cette collabora-
tion fut la confection par moi de trente-deux
planches de chevaux et le moyen d'être bien vite
au-dessus de mes affaires. J'étais arrivé à Stuttgard avec quelques sous, les pieds dans des souliers de turco, les jambes dans un pantalon de
soldat du 7e chasseurs à cheval, et portant sur les
épaules une criméenne fabriquée avec un manteau
d'artilleur.

Je fus mis par le directeur de l'école vétérinaire
en relation suivie avec les écuyers du roi, qui
furent très aimables, et avec le vieux général
wurtembergeois Hamel, ancien aide de camp du

roi Jérôme à Waterloo. Cet excellent homme, avec ses quatre-vingt-deux ans, travaille encore un cheval tous les matins. Il est l'inventeur d'un cheval mécanique dont les membres, mus au moyen de ressorts, s'agitent et arrivent à toutes les défenses du cheval vicieux.

Chaque jour, quand j'étais à Stuttgard, je me rendais dans les écuries du roi, lesquelles renferment les plus beaux spécimens des races du pays et les plus beaux types de la race arabe. Enfin, j'ai été mis en rapport avec les savants de Munich, j'ai obtenu très facilement de visiter les belles collections de cette ville.

J'ai constaté qu'en Allemagne le travail intellectuel, les arts et les sciences sont complètement en dehors de la politique. Ainsi, Stuttgard serait pour moi un des plus agréables souvenirs de mes nombreux voyages, si le sombre voile jeté sur notre malheureuse France par les désastres de la guerre étrangère et de la guerre civile pouvait faire vibrer dans mon cœur une corde autre que celle de la tristesse. A mon départ du Wurtemberg, le prince de Saxe-Weimar a bien voulu, dans une lettre à moi adressée, consigner le fait de la liberté qui me fut donnée sur le champ de bataille de Frœschwiller par le prince de Prusse.

Dans cette lettre (que mon nouvel ami me montra), le prince me recommande aux autorités allemandes dont j'avais à traverser les commandements, et m'autorise à passer par Reischoffen pour voir la tombe du pauvre général Raoult et le champ de bataille sur lequel sont tombés nos malheureux compagnons d'armes qui ont payé de leur vie la tentative la plus inconsidérée et la plus funeste de la campagne de 1870.

J'aurais voulu aussi, ajouta en terminant M. Duhousset, remercier par une cordiale étreinte le châtelain de cet endroit hospitalier, dont le zèle s'était montré si constant et si ingénieux pendant tous nos malheurs; mais l'exil retenait loin de chez lui le comte de Leusse. Ce fut pour moi un bien vif regret de ne pouvoir lui serrer la main : il a les plus grands droits à notre reconnaissance.

# TABLE DES MATIÈRES

––––––––––

MES SOUVENIRS DE L'ÉCOLE D'ÉTAT-MAJOR

Paris. — Soc. d'imp. PAUL DUPONT (Cl.) 41. 5.85.